COTAS RACIAIS

FEMINISMOS
PLURAIS
COORDENAÇÃO
DJAMILA **RIBEIRO**

LÍVIA
SANT'ANNA
VAZ

COTAS RACIAIS

FEMINISMOS PLURAIS

COORDENAÇÃO
DJAMILA **RIBEIRO**

LÍVIA SANT'ANNA VAZ

SUELI CARNEIRO jandaíra

SÃO PAULO | 2023
1ª REIMPRESSÃO

Copyright © Lívia Sant'Anna Vaz, 2022

Todos os direitos reservados à Editora Jandaíra, e protegidos pela lei 9.610, de 19.2.1998.

É proibida a reprodução total ou parcial sem a expressa anuência da editora.

Este livro foi revisado segundo o Novo Acordo Ortográfico da Língua Portuguesa.

Direção editorial
Lizandra Magon de Almeida

Edição e revisão de texto
Equipe Jandaíra

Assistência editorial
Maria Ferreira
Karen Nakaoka

Projeto gráfico e diagramação
Daniel Mantovani

Foto de capa
Patrícia Souza
Instagram: @patriciasouzastudio

Dados Internacionais de Catalogação na Publicação (CIP)
Maria Helena Ferreira Xavier da Silva/ Bibliotecária – CRB-7/5688

Vaz, Lívia Sant'Anna
V393c   Cotas raciais / Lívia Sant'Anna Vaz. – São Paulo : Jandaíra, 2023
    232 p. – (Feminismos Plurais / coordenação de Djamila Ribeiro)
ISBN: 978-65-5094-009-6
1. Direito à educação - História - Brasil. 2. Negros - Educação - Brasil. 3. Discriminação na educação - Brasil. 4. Discriminação racial - Brasil. 5. Educação e Estado - História - Brasil. 6. Programas de ação afirmativa - Brasil. I. Título.
CDD 379.26098

Número de Controle: 00048

jandaíra

Rua Vergueiro, 2087 cj. 306 · 04101-000 · São Paulo, SP
11 3062-7909   editorajandaira.com.br
Editora Jandaíra   @editorajandaira

Às minhas raízes ancestrais que (a)firmaram nosso sonho de liberdade e cultivaram estratégias de (sobre)vivências, abrindo caminhos para que, hoje, façamos florescer um afrofuturo próspero, fruto do esperançar quilombista.

SUMÁRIO

APRESENTAÇÃO DA COLEÇÃO 8

APRESENTAÇÃO DA AUTORA:
É SOBRE O RESGATE DA NOSSA HUMANIDADE NEGADA! . . . 12

INTRODUÇÃO 19

COTA NÃO É ESMOLA! COTAS RACIAIS COMO MEDIDAS
DE REPARAÇÃO HISTÓRICA 28

COTAS RACIAIS NO BRASIL: UM PEQUENO (PORÉM, FIRME)
PASSO RUMO AO NOSSO SONHO DE LIBERDADE 75

COTA É ESMOLA! "A GENTE QUER INTEIRO E
NÃO PELA METADE" 144

EPÍLOGO: DIÁRIO DE UM COTISTA 207

ANEXOS 210

REFERÊNCIAS BIBLIOGRÁFICAS 219

APRESENTAÇÃO

FEMINISMOS
PLURAIS

O objetivo da Coleção Feminismos Plurais é apresentar ao grande público questões importantes referentes aos mais diversos feminismos, de forma didática e acessível. Proponho assim a organização desta série de livros imprescindíveis quando pensamos em produções intelectuais de grupos historicamente marginalizados, pois aqui colocamos esses grupos como sujeitos políticos.

Partimos do feminismo negro para explicitar os principais conceitos e definitivamente romper com a ideia de que não se está discutindo projetos. Ainda é muito comum se dizer que o feminismo negro traz cisões ou separações, quando é justamente o contrário. Ao nomear as opressões de raça, classe e gênero, entende-se a necessidade de não hierarquizar opressões, de não criar, como diz Angela Davis, em *As mulheres negras na construção de uma nova utopia*, "primazia de uma opressão em relação a outras". Pensar em feminismo negro é justamente romper com a cisão criada numa sociedade desigual. Logo, é pensar projetos dentro de novos marcos civilizatórios, para que pensemos um novo modelo de sociedade. E é também divulgar a produção intelectual de mulheres negras, colocando-as na condição de sujeitos e seres ativos que, historicamente, vêm fazendo resistência e reexistências.

Entendendo a linguagem como mecanismo de manutenção de poder, um dos objetivos da Coleção é o compromisso com uma linguagem didática, atenta a um léxico que dê conta de pensar nossas produções e articulações políticas, de modo que seja acessível, como nos ensinam muitas feministas negras. Isso de forma alguma é ser palatável, pois as produções de feministas negras unem uma preocupação que vincula a sofisticação intelectual com a prática política. Com vendas a um preço acessível, nosso objetivo é contribuir para a disseminação e o acesso a essas produções.

Neste volume, a promotora Lívia Sant'Anna Vaz, atuante na Promotoria de Justiça de Combate ao Racismo e à Intolerância Religiosa de Salvador, analisa os 10 anos da legislação de cotas raciais, sua origem e aplicação jurídicas, os resultados em função de sua proposta de promover a reparação histórica à população negra e traz propostas do que ainda pode ser melhorado para que a legislação realmente atinja seu objetivo.

Para além deste título, a Coleção Feminismos Plurais traz também questões como encarceramento em massa, o racismo no humor, colorismo, transexualidade, empoderamento, masculinidades, lesbiandades, trabalho doméstico, entre muitos outros, sempre pautada em dar protagonismo a pensadores negros, negras de todo o Brasil, e trazendo questões essenciais para o rompimento da narrativa dominante, de modo a não sermos tão somente capítulos em compêndios que ainda pensam a questão racial como recorte.

Grada Kilomba, em seu livro *Plantation Memories*, diz:

> Esse livro pode ser concebido como um modo de "tornar-se um sujeito" porque nesses escritos eu procuro trazer à tona a realidade do racismo diário contado por mulheres negras baseado em suas subjetividades e próprias percepções. (KILOMBA, 2012, p. 12)

Sem termos a audácia de nos compararmos ao empreendimento de Kilomba, é o que também pretendemos com esta coleção. Aqui estamos falando "em nosso nome".*

DJAMILA RIBEIRO

---

* No original: "(...) in our name." HALL, Stuart. "Cultural Identity and Diaspora". *In:* RUTHERFORD, Jonathan (ed). **Identity, community, culture difference.** Londres: Lawrence and Whishart limited, 1990, p. 222.

APRESENTAÇÃO DA AUTORA

É SOBRE O RESGATE DA NOSSA HUMANIDADE NEGADA!

**ASSISTA AQUI
AO DEBATE**

Antes de escrever este livro, decidi assistir, pela primeira vez, ao debate sobre cotas raciais gravado, em 2017, pelo programa TVE Debate, do qual participei defendendo a política pública que implementou o sistema de cotas raciais no Brasil. Pode parecer difícil de acreditar, mas eu nunca consegui assistir sequer aos vídeos que viralizaram nas redes sociais, veiculando parte do debate que durou mais de uma hora.

Enfim, passados quase cinco anos desde a gravação do programa, lá estava eu trancada na minha sala de estudos procurando pelo vídeo na internet. Cotas raciais + debate: não demorei para encontrar. Após a vinheta, assim que o jornalista anunciou o tema, meu estômago embrulhado me remeteu àquele dia. Voltar a ele me pareceu necessário para compreender o porquê escrevo e para quem escrevo.

Eu havia sido convidada para uma entrevista sobre cotas raciais e, levando em consideração meus estudos e minha atuação profissional em relação ao tema, aceitei. Cheguei à emissora no horário combinado e me sentei na sala de espera, onde havia mais duas pessoas aguardando. Depois de alguns minutos, pude ouvir vagamente um breve diálogo da equipe que organizava as gravações: "(...) ainda não chegou! Temos duas contra e apenas uma a favor". Olhei novamente ao redor. Eu era a única negra ali e sempre me posicionei favoravelmente às cotas raciais, o que me fez supor o que eu não havia imaginado até o momento. Seria, então, um debate *contra versus a favor* das cotas raciais? Sozinha, comecei a me questionar sobre minha participação, porque, para mim, esse era um debate superado.

O que precisávamos – e precisamos ainda hoje – discutir em relação às cotas raciais não era (é) o *se*, mas sim o *como*; era (é) preciso discutir a eficácia da política pública, a instituição de comissões de heteroidentificação, o efetivo preenchimento das vagas reservadas, as políticas de permanência para universitárias/os cotistas, a eliminação dos *filtros raciais meritocráticos* dos concursos públicos. Passei alguns breves minutos nesse conflito interno – entre águas calmas e ventos tempestuosos – e, depois, simplesmente me levantei. Parecia não haver motivos para permanecer ali. Ao abrir a porta para sair, dei passagem para a Prof.ª Dr.ª Marcilene Garcia, cujas consistentes pesquisas sobre cotas raciais eu já conhecia.

Nos cumprimentamos com um abraço afetuoso. Ela me disse que havia sido convidada, de última hora, na noite anterior, para substituir uma das entrevistadas no debate. Era o motivo que me faltava para ficar!

Foram quase duas horas de gravações, em que tivemos que responder a afirmações como "quem tem raça é gato e cachorro"; "pessoas negras deveriam entrar nas universidades pelos meios normais"; "você, por exemplo, tem traços finos". Sei que é desnecessário reproduzir aqui outros desses argumentos – se é que podemos dizer que se trata mesmo de argumentos – para que vocês compreendam o meu embrulho no estômago e a minha recusa (ou bloqueio) em assistir ao debate.

Eu costumo dizer que minha participação naquele programa poderia ter dado muito errado! E, de fato, no início, eu acreditei que tivesse dado. Eu não tinha noção de qual seria o resultado. Sabia, porém, que não era apenas sobre mim; era sobre o legado daquelas/ es que vieram antes e que me permitiram estar ali, ecoando milhões de vozes por justiça. Mas, apesar das incertezas, o resultado já havia começado a ser tramado pela ancestralidade, desde o meu (re)encontro – nada casual – com a professora Marcilene. A partir daquele momento, daquele (re)encontro ancestral, se delineou nos nossos corpos, falas e posturas uma *pedagogia da insurgência*, que somente tempos depois eu pude compreender.

Foi preciso tempo e algumas vivências para entender a relevância daquele dia, não apenas para mim, mas sobretudo para outras pessoas negras e para aquelas que efetivamente são (ou têm buscado ser) antirracistas. Recebi inúmeras mensagens – e até hoje recebo – de pessoas que afirmam que passaram a ser favoráveis às cotas raciais depois de terem assistido ao debate. Outras tantas dizem que aprenderam ali a argumentar em defesa das cotas raciais. Muitas/os professoras/es universitárias/os e de ensino médio adotaram o vídeo como material para suas aulas sobre o tema.

Mas foram duas vivências, em especial, que me fizeram entender o real significado daquele vídeo e das próprias cotas raciais.

Alguns meses depois do dia das gravações, fui ao restaurante, próximo ao trabalho, no qual costumava almoçar. Logo na entrada, encontrei com Seu Manoel, como chamo afetuosamente um dos garçons que, entre um pedido e outro, sempre parava um pouquinho para conversar comigo. Falava sobre a comunidade negra do bairro em que mora, sobre sua esposa "negra e linda", em suas palavras, e sobre sua admiração pela minha atuação em prol da igualdade racial. Nesse dia, ele me recebeu com um abraço e disse: "eu assisti a uma entrevista sua, doutora". Eu, que ainda não sabia de que entrevista ele estava falando, logo me dei conta quando ele disse:

— A parte que eu mais gostei foi quando a senhora disse: "eu ainda não terminei de falar!".

— E eu disse isso mesmo, Seu Manoel? – perguntei, espantada.

— Disse, doutora! E foi a parte que eu mais gostei!

Em outra ocasião, estávamos eu e Francine Cardoso – uma amiga que, à época, era também minha assessora – sentadas à mesa em frente a um restaurante no Pelourinho, Centro Histórico de Salvador. Eu me sentia simplesmente e-s-g-o-t-a-d-a! Não conseguia conter as lágrimas, enquanto dizia a ela que não sabia mais se tudo aquilo fazia sentido. Eu me referia à minha atuação dentro e fora do Ministério Público, mas também e, sobretudo, ao sentimento de solidão e de impotência, aos custos pessoais que tudo isso envolve. Mulheres negras em espaços institucionais – onde nossos corpos são tão raros – saberão exatamente como eu me sentia. Quando eu já havia conseguido me tranquilizar um pouco, passou por nós, andando pela calçada, um senhor negro que devia estar na casa dos 60-65 anos de idade. Nem bem cruzou os nossos caminhos, ele retornou:

— Com licença. Você é doutora Lívia?

Eu tentei esboçar um sorriso e confirmei com a cabeça.

— Muito obrigado! Eu lhe vi no debate sobre cotas raciais; assisti com toda a minha família. Depois daquele dia, eu aprendi a falar. Você me ensinou a falar.

Obrigado por isso – disse apertando minhas mãos, antes de seguir o seu destino.

Francine e eu nos olhamos e choramos juntas, em silêncio. O choro, agora, tinha outro sabor.

Hoje entendo que aquele vídeo não é apenas sobre uma política pública de promoção da igualdade racial. Não diz respeito somente a opiniões opostas sobre a reparação histórica devida ao nosso povo, ao povo negro desse país. É sobre podermos falar sem sermos interrompidas/os, já nos disse Marielle Franco![1] É sobre podermos ocupar todos os espaços, mas não compulsoriamente e, sim, estrategicamente. É, ainda, sobre escolhermos não ocupar certos espaços!

Enfim, também não é apenas sobre igualdade; é, sobretudo, sobre a nossa liberdade! A liberdade de sermos quem quisermos ser! É sobre a nossa liberdade roubada, usurpada, prometida e nunca cumprida!

É sobre o resgate da nossa humanidade negada!

---

1. Referência a uma das últimas falas da vereadora Marielle Franco na plenária da Câmara Municipal do Rio de Janeiro, antes de seu brutal assassinato.

INTRODUÇÃO

Nos últimos anos, o racismo que nos *asfixia*[2] há séculos tem sido revelado às escâncaras. Seja pela atuação dos movimentos negros, seja pelo acúmulo de pesquisas acadêmicas e estatísticas sobre o tema, seja pela exposição, nua e crua, de práticas racistas por meio das redes sociais, o momento parece propício à ampliação das discussões e ações em busca de justiça racial.

Em contrapartida, vivemos, atualmente, um cenário de crise global – que envolve não apenas questões de ordem sanitária (pandemia da covid-19) e econômica,

---

2. O uso do verbo asfixiar é proposital e nos remete às imagens do assassinato de George Floyd, em 25 de maio de 2020, nos EUA, por um policial branco que, ajoelhado sobre seu pescoço, sufocou o seu último sopro de vida ecoado em súplica: "I Can't Breathe!" ("Não consigo respirar"). A repercussão e indignação global, que geraram protestos antirracistas, não foram as mesmas com tantos outros "Georges Floyd" mundo afora. Este ano (2022), também em 25 de maio, mas aqui, no Brasil – onde a cada 23 minutos é morto um jovem negro (NAÇÕES UNIDAS BRASIL, 2017) –, Genivaldo de Jesus Santos foi assassinado por dois policiais rodoviários federais que transformaram a viatura numa câmara de gás, asfixiando-o até a morte.

mas sobretudo de natureza política e civilizatória. O recrudescimento do autoritarismo estatal, associado à guinada de movimentos políticos ultraconservadores, defensores de ideologias abertamente racistas/nazifascistas, tem prejudicado a evolução da agenda antidiscriminação. Temos testemunhado graves retrocessos na concretização de direitos de grupos vulnerabilizados, além de inúmeros ataques às políticas de ações afirmativas.

Some-se a isso o fato de, no Brasil, conforme o artigo 7º da Lei nº 12.711/2012, termos o mês de agosto de 2022 como marco legal para a revisão da política de cotas para acesso a instituições federais de ensino superior. Recorde-se, ainda, que, em 2024, a Lei nº 12.990/2014 – que institui as cotas raciais nos concursos públicos federais – perderá automaticamente sua vigência, nos termos do seu artigo 6º.

Nesse contexto, longe de estar superado, o debate sobre cotas raciais precisa ser atualizado e aprofundado, a partir do seu reconhecimento como importante mecanismo – porém, não o único – de reparação histórica para o povo negro. Essa é a proposta deste livro: abordar o conceito, o histórico, os fundamentos e os desafios do sistema de cotas raciais no Brasil, com ênfase nas cotas raciais para pessoas negras. Com esse propósito, no primeiro capítulo, teremos como foco o histórico de restrições impostas a pessoas negras – notadamente as escravizadas – no acesso à educação formal e seus impactos na configuração de uma meritocracia racial à brasileira. Diante da secular opressão promovida pelo Estado brasileiro e do modelo meritocrático que acaba por manter o status de privilégio da branquitude, as cotas raciais são, de fato, parte significativa da reparação devida ao povo negro. O segundo capítulo será dedicado ao estudo das cotas raciais no Brasil – sobretudo no ensino superior e nos concursos públicos –, tratando do seu surgimento, consolidação e fundamentos, ao longo dos 20 anos do início de sua adoção. Por fim, no terceiro e último capítulo, será o momento de apresentar os desafios para o aprimoramento das cotas raciais e os seus limites na concretização de justiça racial. Por mais que se reconheçam os avanços promovidos pelas ações afirmativas antirracistas, é preciso pensar em mecanismos de controle para a garantia de sua eficácia e na sua difusão para outras esferas das relações sociais.

As cotas raciais são uma espécie do gênero ações afirmativas. Estas, por sua vez, são políticas dirigidas à correção de desigualdades estruturais, por meio de medidas tendentes a promover a igualdade de oportunidades para membros de grupos sociais vulnerabilizados. Para esse fim, são consideradas características essenciais e geralmente imutáveis dos indivíduos como raça, etnia, origem, gênero, idade, deficiência (de natureza física, mental, intelectual ou sensorial), dentre outros. Nesse sentido, as ações afirmativas são expressão da – e não exceção à – equidade (THARAUD; PLANCKE, 2006: 191) e, portanto, mecanismos essenciais à construção da justiça.

No que concerne ao surgimento da expressão "ação afirmativa" (*affirmative action*), ela teria sido utilizada pela primeira vez nos Estados Unidos da América, em 1935, na Lei Nacional das Relações Trabalhistas. Esta estabelecia que o empregador flagrado discriminando membros ou organizadores de sindicatos deveria cessar a discriminação e adotar *ação afirmativa* para colocar as vítimas na posição em que estariam, caso não tivessem sido submetidas à prática discriminatória. Décadas depois, na *Executive Order* nº 10.925,[3] de março de 1961, do então presidente John Kennedy, o termo foi adotado pela primeira vez no contexto das relações raciais, sem, no entanto, pautar concretamente medidas especiais de promoção da igualdade racial.

No sentido atualmente aplicado, as ações afirmativas foram inicialmente implementadas na Índia e ganharam notoriedade nos EUA,[4] sendo também adotadas em

---

3. O documento, que instituiu, no âmbito do Poder Executivo, o Comitê para a Igualdade de Oportunidades no Emprego, determinava que todas as agências contratadas pelo governo deveriam incluir em seus atos normativos disposições antidiscriminatórias, dentre as quais a seguinte: "A contratada adotará ações afirmativas para garantir que os candidatos sejam admitidos e que, durante a relação laboral, os empregados sejam tratados sem distinção de raça, credo, cor ou origem nacional."

4. Após a Segunda Guerra Mundial, os Estados Unidos passaram a desenvolver as premissas do chamado direito antidiscriminatório, com inclusão de políticas de igualdade racial que, a partir dos anos 1960, incluíram fatores

diversos países, como Canadá, Austrália, África do Sul, Paquistão, Malásia, Colômbia, Costa Rica e Argentina.[5]

A Índia possui a mais duradoura – e talvez a mais complexa – experiência com ações afirmativas de que se tem registro, tornando-se modelo para outras realidades jurídico-políticas. Tendo por base as persistentes desigualdades decorrentes do sistema de castas,[6] as medidas de promoção da igualdade étnico-racial naquele país se destinam a uma diversidade de grupos. Foi na Índia, após a conclusão do processo de independência, em 1947, que as ações afirmativas se consolidaram, com ampla inserção na Constituição indiana de 1950. Nela, tais políticas públicas não se restringem à reserva de vagas para acesso ao ensino superior, sendo também aplicadas nas legislaturas, nos serviços públicos e no mercado de trabalho.

---

como sexo, religião, origem nacional, e, mais recentemente, identidade de gênero, idade, deficiências físicas e mentais, bem como status social.

5. No que tange às ações afirmativas de gênero, os Estados da América Latina, em regra, concentraram-se na participação política ativa das mulheres, mediante a instituição de cotas eleitorais para cargos públicos eletivos. Em 1991, a Argentina tornou-se o país pioneiro na adoção de tal mecanismo, que foi gradativamente aplicado em outros países latino-americanos. Dentre os países que seguiram essa política em favor da participação das mulheres em cargos de mandato eletivo, a Costa Rica apresentou resultados práticos relevantes (LAZO FUENTES, 2005: 51).

6. Embora o artigo 17 da Constituição indiana tenha declarado abolida a *intocabilidade*, proibindo sua prática sob qualquer forma e estabelecendo punição legal para a aplicação de desvantagens dela decorrentes, na prática, o sistema de castas ainda rege as relações sociais na Índia, mantendo os *dalits* ou *intocáveis* na base da hierarquia castista.

No Brasil, é com a Constituição Federal de 1988 e como conquista decorrente dos pleitos dos movimentos negros na Assembleia Constituinte, que – para além da criminalização de atos decorrentes de discriminação/preconceito racial – começa a se delinear uma nova fase na concretização de justiça racial, abrindo-se caminhos para medidas especiais de promoção da igualdade racial. Depois de longo período de disseminação do *mito da democracia racial* – jamais vivenciada no Brasil –,[7] o reconhecimento da existência do racismo e das desigualdades raciais como problemas sistêmicos a serem enfrentados por meio de ações afirmativas revela uma decisão político-constitucional paradigmática.

As cotas raciais representam uma das poucas (e ainda insuficientes) respostas dadas pelo Estado brasileiro à secular barbárie produzida contra corpos negros e cujos perversos efeitos seguem, de um lado, naturalizando ausências – de pessoas negras em espaços de poder e decisão –, de outro, normalizando uma necropolítica que condena (quase que inexoravelmente) a existência negra à pobreza, ao subemprego, ao cárcere,

---

7. Com efeito, em termos amplos, pessoas negras e indígenas nunca experimentaram efetiva Democracia, não por meio das instituições formais democráticas. Diz-se por meio de tais instituições em referência e deferência à experiência democrática quilombista de Palmares, em pleno regime escravocrata do século 17. Nesse sentido, pode-se dizer que a Democracia brasileira é antinegra – porque tem o racismo assentado nas suas bases fundacionais – e está à serviço da branquitude.

à morte prematura, ao *não ser*. Logo, não se trata de nenhuma benesse ao povo negro, mas de uma política pública que lhe é devida e que atua para mitigar o poder devastador que o racismo ainda exerce na sociedade brasileira. Mesmo diante de sua inegável importância e de seus resultados alvissareiros, pode-se dizer que os impactos da política de cotas raciais – frente à densa macroestrutura social racista, determinante de inúmeras desigualdades e violências – são limitados.

De todo modo, o debate sobre cotas raciais rompe paradigmas ao estilhaçar a máscara do silêncio imposto pelo *pacto narcísico da branquitude* (BENTO, 2002)[8] que opera e impera no Brasil; põe em xeque a farsa da democracia racial, ao infringir as cláusulas do *contrato racial* (de adesão),[9] unilateralmente assinado à revelia das pessoas negras e indígenas; coloca o dedo numa ferida ainda aberta e nunca cicatrizada, impondo o reconhecimento da centralidade do racismo como fator inerente à nossa (não) Democracia.

---

8. Trata-se, em linhas gerais, de um *pacto de silêncio entre iguais* que garante a manutenção dos privilégios da branquitude e a perpetua numa posição social hegemônica.

9. Mills (1997) explica que o contrato social apresentado pelos contratualistas ocidentais como fundamento para o surgimento do Estado, na verdade, se trata de um contrato racial, no qual o status de brancos e não brancos é claramente demarcado, de modo a manter a ordem racial estabelecida. Dito de outro modo, não se trata de um contrato entre todos ("nós, o povo"), mas apenas entre as pessoas que realmente importam (as brancas). Portanto, estamos diante de um contrato racial.

Por isso, para além do seu objetivo mais direto e concreto de incrementar a presença negra em espaços historicamente tão monocromáticos quanto monopólicos, as cotas raciais cumprem também missões não declaradas. Elas nos impelem à reflexão e à ação antirracista, para muito além dos meros discursos rasos da branquitude meritocrática. Também nos mobilizam a avançar para garantir dignidade às pessoas negras, cujas vidas importam hoje e agora. Além disso, as cotas raciais nos revelam que um futuro digno e próspero é direito inconteste do povo negro. Não num sentido individual e egoísta, mas sim, coletivo, a partir de uma cosmopercepção afrodiaspórica ubuntista que busca concretizar o real sentido do "eu sou porque nós somos" (*ubuntu*).

A gente não quer só respirar e resistir; a gente quer viver com dignidade e felicidade. E as cotas raciais são um pequeno, porém firme, passo rumo ao nosso sonho de liberdade.

**COTA NÃO É ESMOLA!
COTAS RACIAIS COMO MEDIDAS
DE REPARAÇÃO HISTÓRICA**

Existe muita coisa que não te disseram na escola
Cota não é esmola
Experimenta nascer preto na favela, pra você ver
O que rola com preto e pobre não aparece na TV
Opressão, humilhação, preconceito
A gente sabe como termina quando começa desse jeito
(...)
Experimenta nascer preto, pobre na comunidade
Cê vai ver como são diferentes as oportunidades
E nem venha me dizer que isso é vitimismo
Não bota a culpa em mim pra encobrir o seu racismo
Existe muita coisa que não te disseram na escola
Eu disse, cota não é esmola

"Cota não é esmola", Bia Ferreira

Apresentadas brevemente as origens das ações afirmativas para grupos raciais vulnerabilizados, reforçamos aqui a importância da atualização e do aprofundamento dos debates sobre as cotas raciais no Brasil, sobretudo no atual contexto jurídico-político.

Para tanto, partiremos de um resgate sobre a escolarização de pessoas negras, numa perspectiva histórico-legislativa, elencando as principais fontes legais de restrição/proibição de acesso desse público às escolas, notadamente durante o século 19.

Veremos também que, apesar dos obstáculos formalmente estabelecidos, é digna de nota a resistência negra no campo da educação como relevante estratégia de instrumentalização para o alcance das liberdades possíveis, imaginadas e conquistadas.

Essas questões iniciais servirão de base para a desmistificação da conveniente e persistente meritocracia (branca), firmando a compreensão das cotas raciais como medidas de reparação histórica indispensáveis – porém insuficientes, como veremos mais adiante – para a promoção de igualdade racial na sociedade brasileira.

1.1 "A EDUCAÇÃO É INCOMPATÍVEL COM A ESCRAVIDÃO": DA PROIBIÇÃO LEGAL DE PESSOAS NEGRAS E ESCRAVIZADAS FREQUENTAREM AS ESCOLAS NO BRASIL DO SÉCULO 19

A análise da questão educacional no Brasil revela um cenário de desigualdades historicamente determinadas que ainda produzem seus deletérios efeitos, gerando uma espécie de concentração do conhecimento formal. Assim, os altos níveis de escolaridade se mantêm ao longo dos séculos como acúmulo de privilégios hereditariamente transmitidos no interior do mesmo grupo étnico-racial, em detrimento da estagnação imposta aos grupos raciais vulnerabilizados, notadamente a população negra.

Recorrer ao mérito, como resposta pré-concebida para explicar essa realidade, alimenta estereótipos que atribuem às pessoas capacidades intelectuais conforme a raça, perpetuando, ainda que inconscientemente ou não declaradamente, teses defendidas pelo racismo científico.

Dessa maneira, para uma análise séria sobre cotas raciais, é preciso recordar as proibições e restrições legais que, historicamente, pessoas negras e escravizadas enfrentaram para acessar a educação formal no Brasil. Aqui nos referimos especificamente ao acesso à educação institucionalizada, ou seja, por meio das escolas, em especial a partir da incipiente política de instrução pública prevista pelo Estado brasileiro no início do século 19.

A primeira constituição brasileira – a Constituição Política do Império do Brazil, de 25 de março de 1824 – era silente quanto ao regime escravocrata. Tratava-se de um habitual artifício das constituições liberais da época, no sentido de manter uma suposta coerência entre os princípios revolucionários da igualdade, liberdade e fraternidade, de um lado, e o regime escravocrata, de outro.[10] Nesse sentido, em todo o texto da Constituição Imperial – que preconizava a igualdade formal ("a lei é igual para *todos*"), no seu artigo 179, XIII –, não havia qualquer menção às palavras escravo ou *escravidão*. Não

---

10. É relevante recordar a Revolução Haitiana, pela capacidade, segundo Michel-Rolph Trouillot (1995), dos africanos escravizados e de seus descendentes de almejar a liberdade e formular estratégias para conquistá-la e assegurá-la. O modo como os jacobinos negros desafiaram a escravidão, o racismo e o colonialismo estava fora das estruturas do pensamento europeu, já que nunca se pretendeu, de fato, aplicar os princípios revolucionários a todas as pessoas.

é preciso explicar que todos aqui não abrangia as/os escravizadas/os, já que sequer eram consideradas/os seres humanos, ao menos no que diz respeito ao status de sujeitos de direitos.

No que tange à educação, o texto constitucional dedicou apenas um dispositivo, o inciso XXXII do artigo 179, estabelecendo a gratuidade da instrução primária a todos os cidadãos, dentre os quais, por óbvio, não estavam elencados os *escravos*. Os ingênuos (pessoas indígenas) e os libertos (nascidos *escravos* que adquiriam a liberdade, pelos meios cabíveis),[11] por sua vez, ao menos formalmente, eram considerados cidadãos, embora fossem reduzidos a meros votantes nas eleições primárias (artigos 91, I e 94, II).

Apesar da garantia constitucional de instrução primária e gratuita a todos os cidadãos, na prática, negros e leprosos eram proibidos de frequentar as escolas (BEOZZO, 1984 *apud* OLIVEIRA, 1986).

Medidas voltadas para a criação das escolas, no entanto, não estavam previstas na Constituição de 1824, assunto que foi objeto de abordagem legislativa apenas três anos depois. Com efeito, voltada para definir questões relacionadas à instrução pública primária, a Lei de 15 de outubro de 1827 – primeira e única lei de escopo geral sobre educação primária no período imperial – determinou a

---

11. Embora na Constituição de 1824 o termo ingênuos diga respeito a pessoas indígenas, posteriormente, em espcial na segunda metade do século 19, passa a designar pessoas negras nascidas livres.

criação de escolas de primeiras letras em todas as cidades, vilas e lugares mais populosos do Império. Não foram definidas, todavia, condições ou proibições relacionadas à matrícula das/os alunas/os, mantendo-se, portanto, nesse aspecto, as normas constitucionais vigentes.

Em 12 de agosto de 1834, com o advento do Ato Adicional à Constituição Imperial, dá-se um processo de descentralização do poder, com a instituição das Assembleias Provinciais, cuja competência envolvia legislar sobre a instrução pública e os estabelecimentos próprios para promovê-la.[12] A partir de então, a criação e organização das escolas, a formação e a remuneração de professores, os métodos e conteúdo dos programas de ensino, bem como os critérios para admissão de alunas/os passaram a ser pauta de leis e regulamentos locais. Para determinar quem poderia ou não gozar do direito à educação, os legisladores de então adotaram critérios relacionados às condições de saúde (não vacinados, portadores de moléstias contagiosas), à raça (pretos, filhos de africanos), ao gênero (com primazia para a população masculina), à idade e/ou ao status jurídico das pessoas (livre, liberto, escravo, ingênuo).

---

12. Com exceção das faculdades de Medicina, dos Cursos Jurídicos e Academias já existentes, que permaneceram sob a égide do poder régio. Assim, diferentemente do ensino superior – que, destinado às elites brasileiras, foi mantido sob a condução do governo imperial –, o desenvolvimento da educação básica (primária, secundária e profissional) passou à responsabilidade das Províncias.

Pela ordem cronológica de parte significativa desses documentos legais,[13] é possível vislumbrar por quanto tempo e de que modo pessoas negras, sobretudo as escravizadas, permaneceram alijadas do acesso à educação formal no Brasil, fato histórico que evidencia a necessidade de questionamento da tão aclamada meritocracia, corroborando o argumento de que cotas raciais são medidas de reparação. Aqui, iremos apenas contextualizar, brevemente, parte destes atos normativos que, na sequência, serão dispostos de modo mais detalhado numa linha do tempo para melhor visualização e compreensão.

A província de Minas Gerais parece ter sido uma das pioneiras na imposição desse tipo de restrição legal, por meio da Lei Provincial nº 13, de 28 de março de 1835, que dispunha que somente pessoas livres poderiam frequentar as escolas públicas, ficando sujeitas aos seus regulamentos. Neste mesmo ano, uma lei no Espírito Santo instituiu a proibição de ensinar escravos a ler e escrever, bem como a realizar ofícios e artes (FRANÇA, 2006: 37).

Em 5 de novembro de 1836, por meio da Resolução nº 27, foram aprovados os Estatutos para aulas de Primeiras Letras da Província do Rio Grande do Norte,

---

13. Barros (2016) apresenta um extenso rol de leis provinciais sobre o tema. Neste tópico, buscamos elencar – sem pretensão de exaustão – as leis e decretos provinciais com interdições e restrições para pessoas negras e/ou escravizadas frequentarem as escolas, de modo a demonstrar a continuidade desse tipo de tratamento no Brasil do século 19.

cujo artigo 10 proibia os professores de admitirem alunos não livres em suas aulas. O mesmo dispositivo, entretanto, permitia que as professoras "recebessem *pessoas escravas,* para o fim tão somente de lhes ensinar as prendas domésticas", desde que não as incluíssem no livro de matrícula, sob pena de perda do ordenado correspondente a um mês.

Tratando da instrução primária na Província do Rio de Janeiro, a Lei nº 1, de 14 de janeiro de 1837, proibia de frequentar as escolas públicas todas as pessoas que padecessem de moléstias contagiosas, os escravos e os pretos africanos, ainda que fossem livres ou libertos.

No Rio Grande do Sul, a Lei nº 12, de 22 de dezembro de 1837, criou na Capital da Província um Colégio de Artes Mecânicas "para ensino de órfãos pobres expostos,[14] e filhos de pais indigentes que tivessem chegado à idade de dez anos, sem seguirem alguma ocupação útil". Além destes, também poderiam ser admitidos nas oficinas do Colégio "quaisquer moços, exceptuados os escravos", que pretendessem aprender os ofícios ensinados, obrigando-se seus pais ou benfeitores a pagar as despesas com a subsistência e ensino dos alunos.

---

14. Eram crianças recém-nascidas deixadas aos cuidados de instituições de caridade, em geral Santas Casas de Misericórdia, por meio das chamadas rodas dos expostos ou rodas dos enjeitados. Tratava-se de um aparato, normalmente uma portinhola giratória acoplada numa parede, de forma que quem entregasse a criança não fosse vista/o por quem a recebia no interior da instituição.

Após a descentralização do ensino e a consequente proliferação das leis provinciais, na década de 1850, destacou-se o Decreto nº 1.331-A, de 17 de fevereiro de 1854 – responsável por aprovar o regulamento para a reforma do ensino primário e secundário do Município da Corte. Em seu artigo 69, determinava que não seriam admitidos à matrícula, nem poderiam frequentar as escolas meninos não vacinados ou que padecessem de moléstias graves, bem como escravos. A vedação legal incluía também a instrução secundária, nos termos do artigo 85. O Decreto Couto Ferraz influenciou decisivamente as leis provinciais da época, certamente por disciplinar o acesso à instrução na então capital do Império. De fato, diversas províncias inseriram a referida proibição em seus Regulamentos de Instrução, com textos muito semelhantes ao do Decreto da Corte.

Pernambuco – cujo Regulamento de 1851 proibia o acesso de africanos, ainda que livres ou libertos, às aulas públicas – adotou, em 1855, novo regramento declaradamente inspirado na Reforma Couto Ferraz.[15]

Destaca-se ainda, nesse período, o Regulamento Relativo aos Educandos Menores do Arsenal de Guerra da Classe Provincial de São Pedro do Rio Grande do Sul,

---

15. Na ocasião, o relatório do Presidente da Província de Pernambuco, José Bento Figueiredo, faz referência expressa à Reforma Couto Ferraz, na qual teria se inspirado – por considerá-la sábia e adequada à manutenção da unidade de ensino em todo o Império –, inserindo apenas algumas alterações necessárias para adequação à realidade local (SILVA, 2013: 216).

de 1859, que, embora fosse reservado aos expostos, órfãos abandonados e filhos de presos pobres, também interditava algumas categorias, como menores que padecessem de moléstia contagiosa, idiotas, epilépticos, os não robustos, os que não gozassem de boa saúde e os escravos. É interessante notar que, na mesma província, no Regulamento para o Asilo de Santa Leopoldina, de 1858, tal proibição não se estendia, ao menos não expressamente, a *meninas escravas*. Destinado a meninas pobres, órfãs, expostas e filhas de presos pobres, o documento proibia a matrícula apenas de meninas entre 2 e 6 anos, portadoras de moléstias e não vacinadas, sem fazer qualquer menção às escravizadas. Em outras palavras, apesar de terem como foco os mesmos grupos sociais, as referidas instituições estabeleciam uma diferença de gênero, o que pode ser hipoteticamente justificado pela necessidade de instrução para meninas escravizadas que viessem a assumir tarefas atribuídas a escravas domésticas, como mucamas e amas de leite, o que poderia envolver bons modos, afazeres domésticos e acompanhamento das lições escolares das/os filhas/os de seus senhores e senhoras.

Na década de 1860, os primeiros ou novos regulamentos de instrução das diversas províncias seguiam reforçando a interdição de escravos no ensino público, a exemplo de Minas Gerais (1860 e 1867), Bahia (1862), Rio Grande do Norte (1865 e 1869), Goiás (1869), Santa Catarina (1869) e São Paulo (1869).

A década seguinte foi marcada por relevantes transformações na sociedade brasileira,[16] incluindo um importante movimento de escolarização que, no entanto, não foi capaz de afastar as proibições de acesso de escravos à educação pública na maior parte das províncias. Nada obstante, medidas como a criação de escolas noturnas para trabalhadores, de instituições voltadas para o ensino de ofícios, bem como para a instrução de desvalidos, órfãos e expostos se proliferaram nesse período. Começam, nessa fase, a se delinear algumas poucas possibilidades de acesso à educação formal para pessoas negras e escravizadas, sobretudo nas escolas noturnas.

Em 1870, a lei paraibana que criou o ensino noturno primário para alunos do sexo masculino não estabelecia nenhuma proibição de acesso. Do mesmo modo procedeu a lei que instituiu o ensino noturno no Paraná, em 1872. A título de exemplo, também não mencionavam qualquer restrição os Regulamentos do Rio Grande do Norte (1872), do Mato Grosso (1873), São Paulo (1874) e Maranhão (1877).

Em Santa Catarina, o Regimento da Escola Noturna Sete de Setembro, de 1874, admitia a matrícula de escravos, desde que tivessem licença de seus senhores. Recorde-se também o Regulamento para a

---

16. Inserem-se, nesse contexto, o Manifesto Republicano de 1870 – que acendia o debate sobre a importância da instrução para a construção de um país livre e moderno –, bem como a Lei do Ventre Livre, de 1871.

Escola Noturna Provincial do Rio Grande do Sul, especialmente destinada, nos termos do artigo 1º, ao "ensino das classes menos abastadas privadas de frequentar durante o dia os estabelecimentos de instrução". Em suas aulas, eram admitidos os "adultos, ingênuos ou libertos, sem outra condição além do procedimento e meio de vida honesto devidamente comprovado".

Apesar dos supostos avanços, no final da década de 1870, nota-se um retrocesso, com o retorno à proibição de escravos frequentarem as escolas. Foi o caso da Província do Mato Grosso, na qual, em 1878, o Regulamento da Instrução Pública voltou a restringir a matrícula de escravos. Na Corte, o Decreto nº 7.031-A, de 6 de setembro de 1878 – que criou cursos noturnos para adultos do sexo masculino nas escolas públicas de instrução primária do primeiro grau – estabelecia que poderiam se matricular "todas as pessoas do sexo masculino, livres ou libertos, maiores de 14 anos".

Mesmo na década de 1880 – cujo fim é marcado pela formalização da abolição da escravatura –, algumas leis provinciais ainda mantinham o impedimento de matrícula e frequência de escravos às escolas públicas. Tome-se como exemplo os Regulamentos da Bahia (1881), Goiás (1884), Paraíba (1886) e São Paulo (1887), este último com a peculiaridade de que aos escravos era proibida a matrícula, "salvo nos cursos noturnos e com consentimento dos senhores".

Com a Lei Áurea, de 13 de maio de 1888, além de declarada abolida a escravidão, foram expressamente revogadas as disposições em sentido contrário. Desse modo, deixaram de vigorar as normas legais restritivas ou impeditivas do acesso de pessoas escravizadas às escolas, o que não evitou que outros obstáculos, de natureza racial e social, fossem interpostos, perpetuando evidentes desigualdades ao longo dos anos.

Vimos, portanto, que a restrição de acesso de pessoas escravizadas às escolas públicas – já prescrita desde a Constituição Imperial de 1824 – foi uma realidade constante e formalmente determinada pela legislação de praticamente todas as províncias brasileiras, até finais do século 19. A interdição abrangia – com variações, recuos e permissões (ainda que por omissão do texto legal) –, instituições públicas de ensino primário, secundário e especializado. Embora a proibição se centrasse nas escolas públicas, em algumas províncias, chegava a alcançar também o acesso às escolas particulares, como era o caso de Goiás, nos termos do Regulamento da Instrução Pública e Particular, de 1869. Isso quer dizer que, nestes casos, ainda que crianças escravizadas tivessem quem arcasse com os custos decorrentes de sua instrução, não poderiam frequentar as escolas.

Convém ressaltar que, embora seja possível identificar proibições dirigidas a pessoas negras, ainda que ingênuas ou libertas, notadamente na década de

1830, após esse período, as proibições legais de acesso à educação se concentravam nos *escravos*.[17] De todo modo, apesar das variações de tratamento, evidenciam-se distinções promovidas pelo poder público tendo por base a raça, com notável prejuízo, no contexto geral, para pessoas negras. Estas, ainda que não enfrentassem restrições ou impedimentos que afetassem explicitamente seus interesses, não eram destinatárias de ações governamentais inclusivas, como outras categorias sociais, a exemplo de indígenas e imigrantes, em algumas realidades provinciais.[18]

Até mesmo a forma como se dava a conversão de escravizadas/os ao cristianismo pela Igreja Católica no Brasil resultou na dissociação entre o processo de evangelização e o letramento das/os convertidas/os. De fato, aqui, a catequese das/os africanas/os – baseada no culto aos santos – não pressupunha uma

---

17. A explicação é relevante para não se incorrer no erro de associar invariavelmente negras/os a escravas/os. Com efeito, havia situações distintas – africanas/os livres, libertas/os, crioulas/os (negras/os nascidas/os no Brasil), ingênuas/os, escravizadas/os, quilombolas – que resultavam em diferentes modos de *ser negra/o* no Brasil escravocrata.

18. No Maranhão, sobretudo na segunda metade do século 17, verificam-se iniciativas para a ampliação da escolarização de contingentes mais desfavorecidos, como "meninos indígenas, portadores de deficiências auditivas, migrantes cearenses e imigrantes estrangeiros", mas não aos "negros como categoria humana específica, que necessitava de proteção do Estado" (CRUZ, 2016: 170). Nesse particular, a Lei n° 408, de 18 de julho de 1856, reservava três vagas da Casa dos Educandos Artífices para meninos indígenas (CRUZ, 2019: 114).

ação educativa voltada para a leitura dos evangelhos (GONÇALVES, 2000: 334). Com isso, o modelo de cristianização católica conseguia diferenciar a liberdade cristã – reduzida à expiação dos pecados e, portanto, sem impactos na situação de escravização das/os cativas/os – da liberdade civil.[19]

Mesmo com a Proclamação da República, a Constituição republicana de 1891 não se preocupou com a expansão do direito à educação, realidade que perdurou por muitas décadas, atingindo sobretudo a população negra recém-liberta já submetida a um pós-abolição marginalizante e excludente de direitos.

Certamente por compreenderem a incompatibilidade entre educação e escravidão, as elites senhoriais pressentiam os riscos e temiam as consequências da propagação das letras entre as/os negras/os. Por isso, buscaram evitar, inclusive, como visto, por meio da lei,[20]

---

19. A cristianização protestante nos EUA costumava envolver o acesso à leitura dos evangelhos e, portanto, à noção de igualdade segundo Jesus Cristo. Assim, "evangelizar pressupunha educar em sentido pleno", o que gerava o temor de que "a educação dada aos negros pudesse se transformar em fonte de rebelião anti-escravista" (GONÇALVES, 2000: 330). Por isso, lá, os senhores de escravos, notadamente nos estados do sul, costumavam proibir a conversão de suas/seus cativas/os. Esse receio não era infundado, já que os líderes de duas das mais perigosas revoltas de escravizadas/os do século 19 – Samuel Sharpe, na Jamaica (entre 1831 e 1832) e Nat Turner, na Virgínia, EUA (1831) – tiveram inspiração religiosa (MORAIS, 1988).

20. Decerto que a legislação – embora seja um importante instrumento de análise – não comporta toda a experiência negra na educação ao

que a instrução servisse de arma para concretizar o que o medo branco pressupunha diante da onda negra por liberdade (AZEVEDO, 1987).

Mas, se "a educação é incompatível com a escravidão", já que "o conhecimento torna o homem incapaz de ser escravo" (DOUGLAS, 2021), nossa escrevivência sempre rondou (e ainda ronda) os sonos injustos da casa-grande; não como histórias de ninar,[21] e sim como pesadelos da branquitude a ecoar a nossa vida-liberdade.[22]

---

longo da história do Brasil, mas nos dá importantes elementos para compreender a persistência, até aos dias de hoje, das desigualdades raciais nessa esfera.
21. Referência a trecho de entrevista concedida por Conceição Evaristo (EVARISTO, 2017).
22. Parafraseando trecho do desfecho do poema "Vozes-mulheres", de Conceição Evaristo (EVARISTO, 2017: 25).

LINHA DO TEMPO

Atos normativos e leis provinciais que proíbem ou restringem o acesso de pessoas negras e/ou escravizadas às escolas, no Brasil do século 19

25/03/1824 — Constituição do Império do Brazil: garante a gratuidade da instrução primária a todos os cidadãos (escravos não eram cidadãos).

28/03/1835 — Lei Provincial nº 13 da Província de Minas Gerais: dispõe que apenas pessoas livres podem frequentar as escolas.

23/06/1835 — Primeira Lei de Instrução Pública da Província de Goiás: com redação idêntica à lei mineira, dispõe que apenas pessoas livres podem frequentar as escolas.

1835 — Lei da Província do Espírito Santo: institui a proibição de ensinar escravos a ler e escrever, bem como a realizar ofícios e artes.

05/11/1836 — Resolução nº 27 que aprova os Estatutos para aulas de Primeiras Letras da Província do Rio Grande do Norte: proíbe os professores de admitirem alunos não livres em suas aulas, permitindo, no entanto, que as professoras recebam "pessoas escravas; para o fim tão somente de lhes ensinar as prendas domésticas", desde que não as incluam no livro de matrícula, sob pena de perda do ordenado correspondente a um mês.

14/01/1837   Lei nº 1 da Província do Rio de Janeiro: proíbe de frequentar as escolas públicas todas as pessoas que padeçam de moléstias contagiosas, os escravos e os pretos africanos, ainda que livres ou libertos.

05/05/1837   Lei Provincial nº 8 da Província do Rio de Janeiro: determina que somente pessoas livres podem frequentar as escolas públicas, deixando, assim, de prever a proibição expressa aos pretos africanos livres ou libertos.

06/05/1837   Lei nº 20 da Província da Paraíba: prescreve que os professores só podem admitir em suas aulas pessoas livres.

08/11/1837   Lei nº 20 da Província do Rio Grande do Norte: impede a admissão de pessoas não livres nas aulas públicas.

22/12/1837   Lei nº 12 da Província do Rio Grande do Sul: cria na Capital da Província um Colégio de Artes Mecânicas para ensino de órfãos pobres expostos, e filhos de pais indigentes que tenham chegado à idade de dez anos, sem seguir alguma ocupação útil". Além destes, também admite nas oficinas do Colégio "quaisquer moços, exceptuados os escravos".

22/12/1837   Lei nº 14, que dispõe sobre a Instrução Primária da Província de São Pedro do Rio Grande do Sul: proíbe de frequentar as escolas públicas todas as pessoas que padecem de moléstias contagiosas, além dos escravos e pretos, ainda que livres ou libertos.

04/11/1848	Estatuto do Atheneu da Cidade do Natal: estabelece como um dos requisitos indispensáveis à matrícula que o aluno seja liberto ou ingênuo.
12/05/1851	Regulamento sobre a Instrução Pública da Província de Pernambuco: proíbe o acesso de africanos ainda que livres ou libertos, às aulas públicas.
17/02/1854	Decreto nº 1.331-A (Decreto Couto Ferraz), que regulamenta o ensino primário e secundário do Município da Corte: disciplina que não são admitidos à matrícula, nem podem frequentar as escolas meninos não vacinados ou que padeçam de moléstias graves, bem como escravos.
01/07/1854	Lei nº 382 da Província de Santa Catarina: estabelece que os professores recebam como seus discípulos todos os indivíduos que lhes sejam apresentados para aprender as primeiras letras, exceto os cativos e os afetados por moléstias contagiosas.
02/12/1854	Regulamento para a Instrução Primária da Província do Mato Grosso: não admite à matrícula os que tiverem moléstia contagiosa e os escravos.
14/05/1855	Lei nº 369, sobre a Instrução Pública da província de Pernambuco: declaradamente inspirado na Reforma Couto Ferraz, proíbe escravos de frequentarem as escolas.
02/02/1855	Regulamento da Casa dos Educandos Artífices da Província do Maranhão: destinada a meninos pobres e desvalidos, veda a admissão de escravos.

08/01/1857	Regulamento Geral da Instrução Pública da Província do Paraná: garante a gratuidade das matrículas, mas delas exclui meninos portadores de moléstias contagiosas e mentais, não vacinados, menores de 5 e maiores de 15 anos, incorrigíveis e escravos.
09/08/1858	Lei nº 376, que institui o Regulamento do Colégio dos Educandos Artífices do Rio Grande do Norte: veda a admissão de escravos, ainda que estes demonstrem atender às condições exigidas pelo artigo 2º (ser pobre ou desvalido, ter entre 10 e 15 anos de idade e possuir condições sanitárias satisfatórias).
24/01/1859	Regulamento Relativo aos Educandos Menores do Arsenal de Guerra da Classe Provincial de São Pedro do Rio Grande do Sul: reservado aos expostos, órfãos abandonados e filhos de presos pobres, mas interdita menores que padecem de moléstia contagiosa, idiotas, epilépticos, os não robustos, os que não gozam de boa saúde e os escravos
DÉCADA DE 1860	Primeiros ou novos regulamentos de instrução de diversas províncias seguem reforçando a interdição de escravos no ensino público, a exemplo de Minas Gerais (1860 e 1867), Bahia (1862), Rio Grande do Norte (1865 e 1869), Goiás (1869), Santa Catarina (1869) e São Paulo (1869).
07/09/1874	Regimento da Escola Noturna Sete de Setembro da Província de Santa Catarina: admite a matrícula de escravos, desde que tivessem licença de seus senhores.

22/02/1876	Regulamento da Instrução Pública da Província de São Pedro do Rio Grande do Sul: determina que escravos não são admitidos à matrícula nem podem frequentar as escolas.
21/08/1876	Regulamento da Escola Noturna Provincial da Província de São Pedro do Rio Grande do Sul: destinada especialmente ao ensino das classes menos abastadas privadas de frequentar durante o dia os estabelecimentos de instrução, admite em suas aulas os adultos, ingênuos ou libertos, sem outra condição além do procedimento e meio de vida honesto devidamente comprovado.
13/02/1878	Regulamento da Instrução Pública da Província do Mato Grosso: volta a restringir a matrícula de escravos nas escolas públicas.
06/09/1878	Decreto nº 7.031-A do Município da Corte: cria cursos noturnos para adultos do sexo masculino nas escolas públicas de instrução primária do primeiro grau, autorizando a matrícula a "todas as pessoas do sexo masculino, livres ou libertos, maiores de 14 anos".
DÉCADA DE 1880	Leis provinciais ainda mantêm o impedimento de matrícula e frequência de escravos às escolas públicas, a exemplo dos Regulamentos da Bahia (1881), Goiás (1884), Paraíba (1886) e São Paulo (1887), este último com a peculiaridade de proibir a matrícula aos escravos, "salvo nos cursos noturnos e com consentimento dos senhores".

1.2 A RESISTÊNCIA NEGRA POR MEIO DA EDUCAÇÃO: A HISTÓRIA QUE A HISTÓRIA NÃO CONTA!

Ao contrário do que se difundiu a partir de uma perspectiva colonial e racista, amplamente amparada no racismo científico, a habilidade para a leitura, a escrita, os cálculos e outros tantos saberes nunca foram exclusividade de pessoas brancas. Pelo contrário, a África foi (e é) berço não apenas da humanidade, mas também de importante legado científico, cultural, artístico e civilizacional, não raras vezes usurpado pelo mundo acadêmico branco-ocidental que, com sua arrogância intelectual, se autointitula autor e validador (quase que exclusivo) de conhecimentos (DIOP, 2012).

Essa mesma e perigosa – porque genocida e epistemicida – história única (ADICHIE, 2019) propagada pelo colonizador para justificar a escravização de pessoas negras, incutiu na historiografia a ideia de que as sociedades de origem das/os africanas/os escravizadas/os eram incivilizadas, desorganizadas e iletradas. Ainda que não se possa demonstrar que "nas senzalas da Bahia de 1835 havia talvez maior número de gente sabendo ler e escrever do que no alto das casas grandes",[23] africanas/os letradas/os foram trazidas/os como

---
23. Gilberto Freyre faz referência ao relatório produzido por Francisco Gonçalves Martins, chefe de polícia da Província da Bahia por ocasião do levante, que ressalta o fato de "quase todos os revoltosos saberem ler e escrever em caracteres desconhecidos" (FREYRE, 2006: 382).

escravizadas/os para o Brasil e se utilizaram desses saberes para confrontar o sistema.

A palavra escrita foi registrada, por exemplo, na Revolta dos Malês, maior rebelião negra ocorrida no Brasil, em janeiro de 1835, nas ruas da cidade de Salvador. Os insurgentes portavam amuletos de proteção no interior dos quais havia escritos em árabe, produzidos por escravizadas/os muçulmanas/os (REIS, 2012: 180). Esses saberes também foram manejados pelos líderes da Balaiada que, entre os anos de 1838 e 1841, se corresponderam com as autoridades locais para expor suas reivindicações. Negro Cosme – que, sabendo ler e escrever, criou uma escola de primeiras letras para pessoas negras aquilombadas: a escola da Fazenda da Lagoa Amarela – enviou carta às autoridades locais pleiteando o fim da escravidão e estabelecendo regras para o trabalho das/os negras/os após a exigida libertação (CRUZ, 2016: 168).

Dessa forma, a educação – em suas mais diversas configurações – foi parte fundamental do movimento de resistência/insurgência das pessoas escravizadas, abrindo caminhos para a conquista/reivindicação da liberdade. Foi também na condição de sujeitos de ações educativas que negros e negras elaboraram estrategicamente modos de acesso ao mundo das letras como forma de ocupação de espaços sociais e de reversão de sua condição de subalternização.

De Esperança Garcia a Luiz Gama – para mencionar

apenas dois célebres nomes entre tantos, muitos inclusive desconhecidos –, as estratégias de confronto ao regime escravocrata e de reconstituição da humanidade negra, por meio do letramento, são notáveis.

Esperança Garcia,[24] mulher negra escravizada e primeira advogada do Brasil – assim reconhecida pela Ordem dos Advogados do Brasil – Secção Piauí –, talvez possa ser considerada também a primeira abolicionista do país. Através da escrita, ela formulou uma petição,[25] – datada de 6 de setembro de 1770, dirigida ao Governador da Capitania de São José do Piauí –, exercendo o "improvável ato de fala em primeira pessoa, em nome próprio, mas também em nome de outras pessoas escravizadas, igualmente oprimidas" (VAZ; RAMOS, 2021: 84). Esperança Garcia pleiteou liberdades possíveis (SÁ, 2020: 109), fazendo uso dos saberes do próprio colonizador e do direito canônico por este estabelecido, numa

---

24. Sobre Esperança Garcia, ver o *Dossiê Esperança Garcia* (SOUSA, 2017).

25. "Eu sou uma escrava de Vossa Senhoria da administração do Capitão Antônio Vieira do Couto, casada. Desde que o capitão lá foi administrar que me tirou da fazenda algodões, onde vivia com o meu marido, para ser cozinheira da sua casa, ainda nela passo muito mal. A primeira é que há grandes trovoadas de pancadas em um filho meu sendo uma criança que lhe fez extrair sangue pela boca, em mim não posso explicar que sou um colchão de pancadas, tanto que cai uma vez do sobrado abaixo peiada; por misericórdia de Deus escapei. A segunda estou eu e mais minhas parceiras por confessar há três anos. E uma criança minha e duas mais por batizar. Peço a Vossa Senhoria pelo amor de Deus ponha aos olhos em mim ordinando digo mandar ao procurador que mande para a fazenda aonde me tirou para eu viver com meu marido e batizar minha filha." (MOTT, 2010: 141).

sociedade em que a leitura e a escrita eram exclusividade de poucos homens brancos.

Luiz Gama – nascido livre em 21 de junho de 1830, na Capital da Província da Bahia, e vendido como escravo pelo próprio pai, aos dez anos de idade – também fez da caneta sua arma na luta contra a escravidão. Autodidata, Gama teria aprendido a ler e escrever apenas no início da vida adulta, durante a qual atuou, estrategicamente, como rábula em inúmeras ações de liberdade e conseguiu libertar centenas de pessoas escravizadas, para as quais oferecia gratuitamente os seus serviços.[26]

Assim, apesar das diversas formas de restrição e proibição legais, pessoas negras não estiveram completamente ausentes das instituições de ensino, mesmo ao longo do século 19. Ainda que a presença negra nas escolas não tenha sido uma regra durante o regime escravocrata,[27] o povo negro criou outras tantas possibilidades de instrução, muitas vezes driblando o sistema imposto. Seja por meio das conquistas de oportunidades individuais – instrução

---

26. Elciene Azevedo (1999: 193) destaca o seguinte anúncio assinado por Luiz Gama, no jornal *Radical Paulistano*, do dia 31 de maio de 1869: "O abaixo assinado aceita, para sustentar gratuitamente perante os tribunais, todas as causas de liberdade que os interessados lhe quiserem confiar. Luiz Gonzaga Pinto de Gama."

27. Na Província de Minas Gerais, entretanto, pesquisas demonstraram que, nos anos de 1830, os negros não apenas estavam presentes nas escolas elementares, mas chegavam a ser a maioria das/os alunas/os, dado compatível com o percentual de negras/os entre as pessoas livres no período, cerca de 59% (FONSECA, 2009).

com mestras/es particulares ou em ambiente doméstico, frequência às escolas públicas, sobretudo noturnas –, seja através de estratégias coletivas – envolvendo as irmandades católicas e a criação de escolas destinadas para meninas/os negras/os –, o acesso à educação sempre foi pauta de reivindicação do povo negro na história do Brasil.

De fato, tensões raciais já se revelavam na esfera educacional desde as primeiras etapas do processo de colonização. Em 1689, no episódio que ficou conhecido como a Questão dos pardos, jesuítas pretendiam vedar a matrícula e frequência de mestiços às escolas, sob o pretexto de serem muitos e provocarem arruaças. Os chamados pardos se mobilizaram, demandando seu acesso à educação, tendo os jesuítas sido obrigados a readmiti-los, já que se tratava de escolas públicas que recebiam subsídios (FONSECA, 2016: 37).

Dois séculos depois, na ainda recente pós-abolição, em 1889, temos também o registro de uma comissão de pessoas negras libertas da região do Vale do Paraíba que encaminhou uma carta ao ministro da Fazenda, Rui Barbosa, demandando o direito à instrução da população negra, em especial para as crianças negras, com base na Lei do Ventre Livre (VIANA *et al*, 2019).

Embora a Lei nº 2.040, de 28 de setembro de 1871 (Lei do Ventre Livre, também conhecida como Lei Rio Branco), não explicitasse no seu texto a obrigação estatal ou senhorial de promover a educação dos ingênuos, ela é considerada a primeira referência oficial a atribuir ao Estado o dever de educar as/os negras/os nascidas/os livres (CRUZ, 2016: 175). Isso porque o seu artigo 2º, ao tratar das obrigações e direitos das associações para as quais os ingênuos seriam entregues nas hipóteses legais, aplicava as mesmas normas "às pessoas a quem os Juízes de Órfãos encarregassem da educação dos ditos menores, na falta de associações ou estabelecimentos criados para tal fim" (§ 3º). Foi a primeira vez que o termo *educação* apareceu na legislação como um direito a ser assegurado aos ingênuos. Nada obstante, apesar das disposições legais pertinentes à liberdade e educação dos ingênuos, meninas/os negras/os continuavam sendo objeto de leilão,[28] evidenciando-se também o descaso com sua instrução,[29] função deveras onerosa para as ditas associações que, em troca, teriam direito apenas "aos serviços gratuitos dos menores até a idade de 21 anos completos" (art. 2º, § 1º).

Mesmo diante do histórico de limitações e proibições legais, além das vivências cotidianas de

---

28. Mesmo 16 anos após a entrada em vigor da Lei do Ventre Livre, meninas/os escravizadas/os ainda eram leiloadas/os através de publicações no Diário Oficial da Bahia (MOURA, 2013: 240).

29. Mariléia Cruz aponta como indicativo do descaso público com a instrução dos ingênuos uma matéria intitulada "Educação dos ingênuos", publicada no *Diário do Maranhão* de 21 de agosto de 1884, na qual, após 13 anos de vigência da lei, afirma-se que "não foram pelo governo satisfeitos os compromissos solenemente tomados, não só em relação ao fundo de emancipação, como e muito principalmente à parte que diz respeito à educação dos ingênuos" (CRUZ, 2016: 178).

discriminação racial no ambiente escolar,[30] não foram raras – embora ainda pouco estudadas – as ações e alternativas educacionais construídas por (e para) pessoas negras, até mesmo em posições de liderança.

Um dos poucos casos conhecidos – certamente, dentre tantos outros apagados ou ainda não revelados pela historiografia – é o da escola primária particular do professor Pretextato dos Passos e Silva, criada em 1853 para atender a meninos pretos e pardos, na freguesia de Sacramento, Província da Corte. A existência da escola foi descoberta a partir de requerimento feito, em 1856, a Eusébio de Queirós – inspetor geral da instrução primária e secundária da Corte – pelo professor Pretextato. O objetivo do pleito era a dispensa das provas (oral e escrita) para o exercício do magistério, com o intuito de dar continuidade ao funcionamento de sua escola. Dentre os documentos juntados para justificar o pedido, abaixo assinados e um arrazoado de próprio punho, no qual o professor denunciava o racismo nas escolas da Corte, afirmando que, por ser ele próprio também preto, teria sido convocado por pais de famílias a

---

30. O texto produzido, em 1949, por Anselmo Barreto, professor e então Inspetor Técnico do ensino, sobre a história da educação em Minas Gerais reflete essa questão. Referindo-se ao ano de 1910, Barreto relata: "Outro fato que me intrigava naquela época era a desigualdade social. Filhos de pais que exerciam profissões 'mais nobres' não gostavam de relações com os colegas filhos de operários e de lavradores, muito embora existisse certa 'aristocracia' rural. O preconceito, então, contra os pretinhos era muito grande. Ninguém gostava de ficar perto dos poucos que frequentavam a escola". (BARRETO, 1951: 23).

abrir em sua casa uma pequena escola de instrução primária para seus filhos de cor preta e parda.[31]

Segundo o relato de Pretextato, "em algumas escolas ou colégios, os pais de alunos de cor branca não querem que seus filhos ombreiem com os da cor preta", razão pela qual "os professores repugnam admitir os meninos pretos, e alguns destes que admitem, na aula não são bem acolhidos; e por isso não recebem uma ampla instrução, por estarem coagidos"; o que não acontecia na sua escola (SILVA, 2002: 152). A escola do professor Pretextato funcionou legalmente até o ano de 1873, quando ele teria sido despejado da casa onde lecionava, por falta de pagamento de dois meses de aluguel à Santa Casa de Misericórdia (SILVA, 2002: 154).

O exemplo da Sociedade dos Artistas Mecânicos e Liberais de Pernambuco também é emblemático e revela a importância da educação como instrumento de emancipação para a população negra. Criada em 21 de outubro de 1841, tratava-se de uma associação com fins educacionais, organizada e composta por trabalhadores negros[32] (dos 155 membros, 143 eram pretos, mulatos e

---

31. O parecer do então inspetor, Euclides da Cunha – que raramente atendia a pleitos dessa natureza –, foi pelo deferimento do pedido, oportunidade em que salientou a necessidade da existência de "escolas destinadas a esse tipo de público" (SILVA, 2002: 150).

32. "Entre esses trabalhadores, havia filhos de cativos ou mesmo escravos alforriados que haviam se tornado exímios especialistas em determinadas atividades, alguns chegando até mesmo ao patamar de mestres do ofício, mas que, em razão do estatuto social referendado na

pardos), em pleno sistema escravista da primeira metade do século 19 (LUZ, 2016a: 123-124).

Durante o regime escravocrata no Brasil, africanas/os e seus descendentes constituíram irmandades católicas que se difundiram por diversas províncias e cujo escopo transcendia o âmbito puramente religioso, alcançando atividades recreativas e de assistência social. Desempenhavam destacado papel na viabilização de uma vida social e política para pessoas negras em meio à ordem escravista, sendo a educação um dos fatores de relevância no âmbito desses arranjos associativos. As irmandades – além da conhecida preocupação em garantir rituais funerários e viabilizar a compra da alforria de cativas/os associadas/os e de seus familiares – também eram instâncias de grande potencial educativo e de afirmação identitária africana e afrodiaspórica, permitindo a seus membros trocas de valores e saberes. Além das atividades culturais desenvolvidas por essas organizações e da própria educabilidade inerente à dinâmica associativa,[33] importa considerar o caráter formativo de outras práticas difusas, "a exemplo da

---

cor da pele, acabavam encontrando dificuldades de acessar as letras por meio da instrução formal" (LUZ, 2016b: 124).

33. Segundo Luz (2016b:132), "a própria experiência associativa que vivenciavam cotidianamente dentro das irmandades era um dos aspectos que viabilizavam essa dimensão educativa, tendo em vista que seus membros passavam a fazer parte de uma estrutura organizacional e coletiva à qual precisavam aprender a se integrar, respeitando princípios religiosos, normas internas e códigos de conduta".

oralidade a partir de narrativas e ensinamentos, de rituais, rezas e músicas, assim como da apropriação do idioma e mesmo da escrita, inclusive por meios mais sistemáticos como as aulas de alfabetização".[34]

Declarada a abolição da escravidão e com o início do período republicano, há uma notável expansão do associativismo negro, voltado para satisfazer demandas sociais, culturais, econômicas, religiosas e educacionais da população negra.

Merece destaque a Frente Negra Brasileira (FNB), cujas ações assumiram caráter nacional. Fundada em 16 de setembro de 1931, em São Paulo, a FNB lançou um projeto político de inclusão do povo negro na sociedade brasileira, com o objetivo declarado de "unir gente negra para afirmar seus direitos históricos e reivindicar seus direitos atuais" (LOPES, 2011: 291). O intuito era instrumentalizar pessoas negras – especialmente, por meio da educação e treinamento profissional – para a ascensão/inserção social.[35] A Frente manteve diversas atividades, envolvendo a manutenção de escola própria, "biblioteca, grupo musical, corpo cênico, time de futebol, além de oferecer uma Caixa Beneficente, serviços médicos, de

---

34. A pesquisa realizada por Cunha (2004), por exemplo, revela que a Irmandade de Nossa Senhora do Rosário e São Benedito dos Homens Pretos manteve, em 1859, um curso de alfabetização entre suas atividades.

35. Sobre a proposta educacional da Frente Negra Pernambucana, ver Silva (2008).

assistência jurídica, cursos de artes e ofícios, e de publicar um jornal: '*A Voz da Raça*'" (DOMINGUES, 2018: 116).

A década de 1970 distinguiu-se pela fundação do Movimento Negro Unificado – em 1978, em São Paulo –, marco da fase contemporânea dos movimentos negros no Brasil, aos quais devem ser atribuídas relevantes conquistas, como a criminalização do racismo e o reconhecimento das comunidades remanescentes de quilombos, na Constituição de 1988, além da concretização de ações afirmativas paradigmáticas, como a aprovação da Lei nº 10.639/2003[36] e a implementação das próprias cotas raciais.

1.3 O MITO DA MERITOCRACIA (BRANCA) E AS COTAS RACIAIS COMO MEDIDAS DE REPARAÇÃO HISTÓRICA

O resgate sobre a "presença" negra no incipiente sistema de ensino brasileiro do século 19 já nos apresenta sinais de que a meritocracia – elevada à condição de princípio fundamental de uma sociedade justa –, se historicamente contextualizada e analisada numa perspectiva crítica, afinal não parece ser assim tão justa como fomos induzidas/os a crer.

Como vimos, pessoas negras – em certos contextos legais, ainda que livres – passaram décadas proibidas

---

36. Responsável por alterar a Lei de Diretrizes e Bases para incluir no currículo oficial da Rede de Ensino a obrigatoriedade da temática História e Cultura Afro-Brasileira e Africana.

de frequentar as escolas, fato histórico que tem reflexos nefastos até os dias de hoje na (re)produção de desigualdades de acesso, não apenas na seara da educação, mas em outras esferas dos direitos fundamentais. Sob esse prisma, se considerarmos que a instrução é parte substancial da instrumentalização para o alcance de outras prerrogativas, como a educação superior e o mercado de trabalho, o dogma da meritocracia vai, pouco a pouco, se desmantelando tal qual um castelo de areia diante da força das águas.

A defesa de um paradigma de sociedade meritocrática coincide com a ascensão dos ideais defendidos pelas revoluções liberais do século 18, que pregavam o fim das regalias classistas e hereditárias inerentes ao Estado Absolutista. É nesse período que se consolidam as bases para a consagração constitucional do princípio da igualdade na sua dimensão formal, responsável pela instituição de tratamento igualitário perante a lei, sem distinções de qualquer natureza. Em seu estágio embrionário, a normatização do princípio da igualdade se concentrou na proibição de privilégios, elegendo o *mérito individual* como critério para a distribuição de direitos, recursos, oportunidades, papeis sociais e poder.

A partir da máxima "a cada um/a segundo os seus méritos" são consideradas/os iguais – e, portanto, tratadas/os em igual medida – aquelas/es que demonstrarem *igual merecimento*. Ao invés da aquisição de status a partir da origem ou nascimento – fatores que decorrem da mera sorte ou acaso do destino –, as recompensas seriam atribuídas conforme o desempenho de cada indivíduo. As desigualdades que resultassem da meritocracia seriam, então, plenamente justificáveis e compatíveis com o funcionamento das sociedades democráticas, pois fruto das diferenças de esforços e capacidades de cada pessoa.

Sob essa ótica, como alternativa a modelos aristocráticos, nepotistas e clientelistas, o sistema alicerçado no mérito se apresenta como mais *atrativo* e passa a ser visto como uma fórmula inconteste na busca por justiça e igualdade.

Ocorre que se, a partir dos próprios fundamentos de uma sociedade meritocrática, avaliarmos a *meritocracia à brasileira* (FUNDAÇÃO JOÃO PINHEIRO, 2018) – embora isso não seja uma exclusividade do Brasil –, veremos que, em grande medida, se trata mais de *retórica do mérito* do que de real anseio por igualdade.

Numa sociedade efetivamente baseada no merecimento, se as chances de crescimento pessoal são resultantes do empenho de cada um/a e não de condições herdadas, espera-se que haja uma alta mobilidade social, já que haveria muito mais possibilidade de mudanças nas posições sociais das pessoas. No entanto, o estudo internacional publicado, em 2018, pela Organização para a Cooperação e Desenvolvimento Econômico (OCDE) apresentou o fenômeno denominado de "elevador social quebrado", revelando que, na maior parte dos países, demora entre quatro e cinco gerações para que os descendentes de uma família situada entre os 10% de menor rendimento alcancem a renda média do seu país. O Brasil obteve o segundo pior resultado em termos de mobilidade social – ficando atrás apenas da Colômbia –, sendo necessárias nove gerações para que integrantes das famílias mais pobres atinjam a renda média da população brasileira.

No que se refere à transferência de rendimentos intergeracionais, o estudo estimou que, no contexto brasileiro, cerca de 70% dos rendimentos de uma geração são herdados das gerações anteriores. Esses dados demonstram uma baixíssima mobilidade social, indicando que, na verdade, "as posições e recompensas mais valorizadas não estão abertas a todos os grupos sociais, não dependem apenas do empenho e da competência" – como seria de se esperar numa sociedade fundada no mérito. Na realidade, elas "resultam de condições herdadas ou da discriminação racial, de gênero, orientação sexual, étnica ou de outros tipos de preconceito, enfim, de sua origem social" (FUNDAÇÃO JOÃO PINHEIRO, 2018: 4).

Outro relevante pressuposto de um modelo social pautado no merecimento é a igualdade de oportunidades no acesso à educação formal, principal mecanismo de aquisição das habilidades ou competências determinantes para a obtenção da necessária qualificação para a *competição por mérito*. Pesquisas demonstram que, no mundo inteiro, indivíduos com maior grau de instrução apresentam maiores taxas de emprego e rendimentos médios mais elevados, evidenciando o quanto as recompensas socioeconômicas estão associadas à escolaridade e, portanto, ao acesso à educação.

Não por acaso, nos países em que o percentual de adultos com nível superior é menor – e o Brasil está entre eles –, a concentração de renda nas mãos de pessoas com ensino superior completo é ainda mais intensa (OCDE, 2021). No nosso país, entre 2016 e 2018, as maiores diferenças salariais registradas se deram entre as pessoas que obtiveram e as que não obtiveram nível superior, sendo de cerca de 120% para as que cursaram o ensino superior em instituições privadas, e 140% para as que cursaram o ensino superior em instituições públicas (RIBEIRO *et al*, 2020). Numa perspectiva interseccional, as diferenças salariais são ainda mais gritantes quando se comparam homens brancos e mulheres negras, pois a média de salários daqueles é sempre, pelo menos, 100% maior que a destas, chegando a quase 160%, quando ambos os grupos possuem nível superior público (RIBEIRO *et al*, 2020).

Nessa conjuntura de recompensas socioeconômicas conforme a escolaridade, não é difícil concluir que se o acesso à educação não é igualitário, esta acaba sendo um instrumento de manutenção de privilégios e direitos hereditariamente transferidos. A questão é que, no Brasil, com seu passado escravocrata (sempre e ainda presente), a raça – ou melhor, o racismo – se encontra no cerne desse problema. Assim, se considerarmos que, retrocedendo nove gerações – tempo médio de mobilidade social no nosso país –, estávamos em pleno regime escravista, não é difícil concluir que ainda vivemos sob a égide de uma *meritocracia racializada*. Não temos gerações de famílias negras abastadas. As poucas famílias negras que conseguiram "se infiltrar" pelas fissuras da estrutura racista e ascender socialmente, alcançaram mobilidade social a apenas uma ou duas gerações.

Daí a afirmação de que "a pobreza urbana no Brasil do século 19 é negra. E assim seguirá sendo nos séculos subsequentes, conformando a desigualdade econômica com base na clivagem racial" (THEODORO, 2022: 117). Não que o nosso país tão tenha apresentado crescimento econômico. Muito pelo contrário. No século 20, o Brasil cresceu de modo extraordinário comparado a outros países no mesmo período.[37] Mas essa riqueza não resultou numa melhoria da distribuição de renda tampouco na ampliação das oportunidades. Não para as pessoas negras! Em

---

37. "O crescimento do PIB brasileiro entre 1920 e 1970 foi o maior em relação aos países vizinhos, perfazendo uma taxa anual de 5,1%. [...] Enquanto para os demais países o crescimento do PIB suscitou uma redução das desigualdades, indicando que a população de cada uma dessa nações obteve repartição positiva da riqueza, no caso brasileiro ocorre exatamente o inverso. Mesmo com todo o crescimento, a riqueza do Brasil concentrou-se, ainda que residualmente. [...] Os dados demonstram que mesmo no período de maior crescimento econômico, e de uma forma até então inesperada à época, houve aumento da pobreza no Brasil." (THEODORO, 2022: 135-136).

poucas palavras, na nossa fase mais próspera, crescemos "gerando pobreza, miséria e desigualdade" (THEODORO, 2022: 138), evidenciando que em *terra brasilis* o milagre da multiplicação é para poucos (homens brancos).

De fato, o racismo que estrutura nossas relações sociais faz com que, mesmo após mais de 134 anos da abolição formal da escravidão, a raça siga sendo o fator determinante das desigualdades na sociedade brasileira. Por conseguinte, pessoas negras – salvo raras exceções – não ocupam espaços de poder e decisão, além de figurarem no topo dos índices de violência contra seus corpos e terem acesso desigual aos direitos mais básicos, como educação, saúde, moradia, trabalho etc. Mesmo quando pessoas negras atingem os maiores índices de escolaridade, especialmente mulheres negras, continuam mais expostas ao risco de desemprego e à precariedade do mercado de trabalho, para além de outras tantas vulnerabilidades impostas pelo racismo patriarcal.

Efetivamente, apesar de representarem a maioria da população brasileira – atualmente, 56% do total –, pessoas negras apresentam os piores índices de analfabetismo, de escolaridade, de acesso ao emprego, de remuneração salarial, dentre outros elementos que compõem o arcabouço essencial de direitos fundamentais de caráter social.

No que se refere ao analfabetismo – cuja taxa para o total da população era de 9,6% –, o último censo, produzido pelo IBGE em 2010, indicou a existência de significativas diferenças entre as categorias raça/cor, notadamente entre negros e brancos. Enquanto o percentual entre brancos era de 5,9%, entre os pretos, o total atingia 14,4%, e entre os pardos, 13%; o que indica que o analfabetismo atingia os negros em proporção, pelo menos, duas vezes maior do que os brancos. A Pesquisa Nacional por Amostra de Domicílios (PNAD) Contínua, de 2019, por sua vez, indicou a persistência de desigualdade racial nessa seara. Entre os brancos, na faixa etária de 15 anos ou mais, a taxa de analfabetismo registrada foi de 3,6%. Já em relação à população negra, a taxa chegou a 8,9%, uma diferença que se acentua no grupo de pessoas com 60 anos ou mais, sendo que, neste caso, o percentual de brancos que não sabiam ler ou escrever foi de 9,5%, enquanto entre os negros o percentual alcançou o patamar de 27,1%, quase três vezes maior.

No mundo do trabalho, as iniquidades raciais – interseccionadas com as opressões de gênero – também se mostram evidentes nos indicadores do censo de 2010 (IBGE). Segundo a pesquisa, a taxa de desemprego era de 4,4% para homens brancos, e de 6,4% para homens negros; de 7,9% para mulheres brancas e de 12,2% para mulheres negras. Os negros eram maioria absoluta entre: a) trabalhadores sem carteira assinada (com percentual de 56,8%, para 41,7% de brancos); b) não remunerados (perfazendo 60,1%, para 37,2% de brancos); e c) trabalhadores domésticos (num total de 60,4%, para 38,4% de brancos). Doutro lado, os brancos eram a maioria absoluta entre os empregadores, com um percentual de 76%, para 21,6% de negros.

De acordo com o informativo Desigualdades Sociais por Cor ou Raça no Brasil, do Instituto Brasileiro de Geografia e Estatística (IBGE, 2019), em 2018, a população negra representava a maior parte da força de trabalho no país, com 54,9% do total (57,7 milhões de pessoas); 25,2% a mais do que a população branca, que totalizava 46,1 milhões de indivíduos. Entretanto, em relação à população desocupada e à população subutilizada (desocupados, subocupados e a força de trabalho potencial), as pessoas negras representavam cerca de ⅔ dos desocupados (64,2%) e dos subutilizados (66,1%). Essa subalternização de base racista se mantém independentemente do nível de instrução, sendo que a taxa de subutilização da força de trabalho de pessoas negras apresenta uma diferença relativamente menor quando elas possuem o ensino superior completo, um padrão que é semelhante à taxa de desocupação.

Em termos de trabalho informal, desde 2016, temos um crescimento, com a ampliação de pessoas que trabalham sem carteira de trabalho assinada e por conta própria, com forte apelo, principalmente em tempos de crise sociopolítica e econômica, ao *empreendedorismo*.[38]

---

38. O apelo ao empreendedorismo – apresentado como verdadeiro modelo de sucesso – promete estabilidade financeira, aquisição e incremento patrimonial. Ou seja, vende as ilusões de enriquecimento e autonomia próprias

Porém, se essa condição afetou a população brasileira de modo geral, em 2018, pessoas brancas exercem 34,6% das ocupações informais, enquanto pessoas negras correspondiam a 47,3% dessa população, com destaque para as regiões Norte e Nordeste, nas quais pessoas negras, na situação de informalidade, representaram quase 60%.

Ainda segundo o referido informativo (IBGE, 2019), a Pesquisa Nacional por Amostra de Domicílios Contínua de 2018 também revelou que o rendimento médio mensal das pessoas brancas ocupadas foi de R$ 2.796,00 (dois mil, setecentos e noventa e seis reais), enquanto o rendimento médio mensal das pessoas negras ocupadas foi de R$ 1.608,00 (mil seiscentos e oito reais), ou seja, 73,9% menor. Essa discrepância também é percebida no rendimento médio recebido por hora trabalhada. Naquele ano, o rendimento médio das pessoas brancas ocupadas chegou à R$ 17,0/hora; já o rendimento médio de pessoas negras ocupadas foi de R$ 10,1/hora e essa diferença independe do nível de instrução. Estas receberam rendimentos bem menores por hora trabalhada em relação àquelas,

---

do capitalismo por meio de ingredientes como "força de vontade" e "persistência". Nessa narrativa, não há espaço para responsabilidades do Estado, mantendo-se principalmente as pessoas afroempreendedoras como "autônomas", sem direito à segurança social e com extrema dificuldade de acesso a créditos. Assim, notamos que o tão recorrente discurso do "seja o seu próprio chefe" está conectado à propagação da crença de que é possível ascender socialmente apenas com o "trabalho duro", ideias que reforçam a falácia da meritocracia.

independentemente do nível de escolaridade, sendo que, no mais elevado nível de instrução, pessoas brancas ganham cerca de 45% a mais do que as pessoas negras.

Uma pesquisa realizada pela Associação Brasileira de Organizações Não Governamentais (ABONG), com base em informações do Ministério da Economia, demonstrou as diferenças remuneratórias e de cargos ocupados por negras/os e brancas/os nas organizações da sociedade civil. Em 2019, as pessoas negras ganharam, em média, 27% menos que as brancas nas ONGs, instituições nas quais, em razão de sua natureza e propósitos declarados, se poderia supor que tais evidências de subalternização negra não fossem tão presentes. Entre as pessoas que receberam, em 2019, mais de 20 salários-mínimos nas ONGs, 44,42% eram homens brancos; 31,45% mulheres brancas; 12,97% homens negros; e 10,01% mulheres negras. Em contrapartida, na faixa de remuneração de até meio salário-mínimo, a maioria foi de homens negros (38,19%), seguidos de mulheres negras (37,11%), mulheres brancas (12,81%) e homens brancos (11,11%). Em relação aos cargos, enquanto a porcentagem de pessoas brancas em cargos de diretoria naquele ano foi de 59,25%, a porcentagem de pessoas negras foi de apenas 25,07%. De modo semelhante, nas gerências, 59,27% dos postos pertenciam a pessoas brancas e 27,60%, a pessoas negras. Nas funções de pesquisador/a, brancas/os representavam

64,81%, enquanto a maior presença negra estava nas funções relacionadas à manutenção predial (41,62%).[39]

Em setembro de 2014, a ONU publicou seu informe sobre a situação da discriminação racial no Brasil, resultado de visitas oficiais realizadas pelos peritos do *Group of Experts on People of African Descent*, entre 3 e 13 de dezembro de 2013. Segundo o documento, o racismo brasileiro é institucional, estrutural e interpessoal, e permeia todos os setores da vida em sociedade. Para o Grupo, as/os negras/os no país são proporcionalmente mais vitimadas/os por homicídios, possuem menor escolaridade, salários inferiores, maiores taxas de desemprego, menor participação no Produto Interno Bruto, além de estarem sub-representadas/os nos órgãos públicos, nos meios de comunicação e no setor privado. De acordo com o relatório, essa conjuntura tem origem na discriminação estrutural, fundada em mecanismos históricos de exclusão e estereótipos negativos, reforçados pela pobreza e marginalização política, econômica, social e cultural.

Um estudo publicado em 2017, denominado *Desenvolvimento Humano para além das médias*, produzido pelo Programa das Nações Unidas para o Desenvolvimento (PNUD), em parceria com a Fundação João Pinheiro e o IPEA, demonstrou que o nível da qualidade de vida da população negra tem uma década de atraso em relação

---

[39]. Disponível em: https://abong.org.br/wp-content/uploads/2020/11/Pesquisa-Abong-Quantos-Somos-1.pdf. Acesso em: 22 jun. 2022.

ao da população branca. De acordo com a pesquisa, entre 2000 e 2010, o Índice de Desenvolvimento Humano Municipal (IDHM) da população negra cresceu, em média, 2,5% ao ano, acumulando alta de 28%, em comparação com os 15% acumulados, no mesmo período, pelas pessoas brancas. Apesar do ritmo mais acelerado de crescimento, apenas em 2010 o IDHM das/os negras/os alcançou o número de 0,679, pontuação que já havia sido galgada pelas/os brancas/os há dez anos (0,675).[40]

Todos esses dados evidenciam que a tão aclamada meritocracia à brasileira não passa de uma falácia que converte o mérito de fórmula igualitária em justificativa para a manutenção das desigualdades (SANDEL, 2020); um conveniente e conivente pretexto capaz de preservar o pacto narcísico da branquitude e os privilégios hereditariamente – ou melhor, racialmente – transmitidos de geração a geração.

Nessa perspectiva, o monopólio do merecimento branco coincide, ainda, com o domínio das regras da corrida meritocrática, já que a elite branca brasileira detém não apenas o privilégio no acesso aos recursos e status necessários para garantir o seu mérito, como também o poder de definir o próprio mérito. "Seriam merecedoras, com poucas variações, apenas aquelas pessoas cuja autonomia não enfrenta obstáculos significativos, num ciclo vicioso de restrição da igual liberdade

---

40. Disponível em: http://www.br.undp.org/content/dam/brazil/docs/IDH/desenvolvimento-alem-das-medias.pdf. Acesso em: 20 jun. 2022.

de todas/os, em prol da máxima liberdade de poucas/os" (VAZ; RAMOS, 2021: 194).

Assim, a suposta defesa cega da meritocracia, em grande medida, se confunde com um apego à hegemonia e apresenta os méritos como atributos estritamente individuais e estáticos, quando, na verdade, estes são produzidos, atribuídos e transmitidos social e – na realidade brasileira –, sobretudo racialmente.[41] Logo, associar a situação de des/vantagem de determinados grupos raciais – que ocupam historicamente posições consideradas inferiores/superiores nas relações sociais – ao desempenho dos indivíduos se assemelha a uma atribuição predeterminada de capacidades e merecimentos conforme a raça, base do racismo científico que imperou no Brasil no século 19 e que ainda estrutura os alicerces racistas da nossa sociedade.

Em outras palavras, se cada sujeito é inteiramente responsável ou culpado por suas conquistas/fracassos, e posições sociais e indicadores demonstram que pessoas negras obtêm, de modo recorrente, resultados inferiores na escala hierárquica da sociedade, ou se acredita que isso é produto da mera (falta de) sorte ou se atribui essa realidade a uma espécie de deficiência de mérito inerente ao

---

41. Guimarães (2009: 174) afirma que "a sobrerrepresentação de pessoas com uma mesma característica 'naturalizada', em qualquer distribuição de recursos, deve ser investigada, não porque seja anormal, mas porque 'sexo', 'cor', 'raça', 'etnia' são construções sociais usadas, precisamente, para monopolizar recursos coletivos".

grupo racial subalternizado. Essa (i)lógica da competição pelo mérito gera uma arrogância meritocrática (SANDEL, 2020: 38) que reflete a tendência das/os vencedoras/es em se colocar como merecedoras/es do seu sucesso, sem se atentarem para o fato de que, na realidade, boa parte do seu resultado decorre do acúmulo de privilégios da branquitude. Em contrapartida, os indivíduos pertencentes ao grupo racial que se encontra na base da hierarquia social são condenados a uma espécie de humilhação meritocrática por merecerem sua sina como perdedores.

As raras exceções a essa regra costumam ser manipuladas pelos defensores da meritocracia para justificar a possibilidade de transcender as barreiras do sistema e, consequentemente, a desnecessidade de mudanças nas regras do jogo. A máxima "basta se esforçar para alcançar as recompensas" não contabiliza os inúmeros e desumanos esforços e opressões que são impostos a membros dos grupos raciais vulnerabilizados – que, ainda assim, não têm a "capacidade" ou "sorte" de alcançar o tal mérito –, enquanto pessoas pertencentes ao grupo racial hegemônico são predestinadas ao triunfo social.

Assim, imputar exclusivamente ao indivíduo – e ao grupo ao qual ele pertence – a responsabilidade pelas posições sociais que ocupa acaba por desconsiderar todo o contexto histórico de vantagens, de um lado e, opressões, do outro, justificando, com isso, a omissão estatal em matéria de redistribuição e reparação por justiça racial.

Nesse contexto, as ações afirmativas – comumente criticadas, sob o argumento de que violam o princípio do mérito – são medidas especiais indispensáveis para combater o racismo, diluir o monopólio do privilégio branco e impulsionar a *desracialização hierárquica* da sociedade. Por meio delas opera-se não a eliminação do mérito, mas a sua correção, de modo a proporcionar justiça (re)distributiva, sobretudo nos espaços em que há *acumulação racializada de oportunidades atribuíveis ao mérito* (GUIMARÃES, 2009: 203).

Sob essa perspectiva, as cotas raciais são, então, medidas de reparação histórica e não benesses concedidas ao povo negro brasileiro, que é credor de uma imensa dívida histórica. Assim, no campo do direito à educação e do trabalho, essa dívida apenas começa a ser paga com as ações afirmativas para acesso às universidades e aos concursos públicos.

COTAS RACIAIS NO BRASIL:
UM PEQUENO (PORÉM, FIRME) PASSO
RUMO AO NOSSO SONHO DE LIBERDADE

Com a fé de quem olha do banco a cena
Do gol que nós mais precisava na trave
A felicidade do branco é plena
A pé, trilha em brasa e barranco, que pena
Se até pra sonhar tem entrave
A felicidade do branco é plena
A felicidade do preto é quase
(...)
Deixou a falha e quer migalha de quem corre com
fratura exposta
Apunhalado pelas costa
Esquartejado pelo imposto imposta
E como analgésico nós posta que
Um dia vai tá nos conforme
Que um diploma é uma alforria
Minha cor não é uniforme
Hashtags #PretoNoTopo, bravo!

"Ismália", Emicida

Após a abordagem histórica sobre restrições e impedimentos impostos a pessoas negras no acesso à educação formal – mas também sobre a resistência negra nessa seara –, seguida de uma necessária reflexão sobre a *meritocracia à brasileira*, neste segundo capítulo vamos nos dedicar ao aprofundamento do nosso tema principal: as cotas raciais no Brasil. Será o momento de explorar o surgimento, a implementação, os avanços e os desafios da mais bem-sucedida política pública de enfrentamento ao racismo e promoção da igualdade racial já adotada pelo Estado brasileiro.

Trataremos, inicialmente, do conceito, das características e dos fundamentos das cotas raciais para, em seguida, compreendermos as suas duas principais espécies na legislação brasileira: as cotas raciais para acesso às instituições de ensino superior e as cotas raciais nos concursos públicos. Por fim, serão apresentados e refutados os principais argumentos contrários às cotas raciais para subsidiar a discussão e a compreensão sobre sua indispensabilidade para o impulsionamento da justiça racial no nosso país.

2.1 COTAS RACIAIS: O QUE SÃO E PARA QUE(M) SERVEM?

Dentre as ações afirmativas de promoção da igualdade racial, a mais impactante – seja pelos visíveis resultados alcançados, seja por sua complexidade e, ainda, pela resistência à sua implementação – é, sem dúvida, o sistema de cotas raciais. Configura-se como mecanismo de reserva de vagas em determinados espaços (de poder) para membros de grupos étnico-raciais[42] discriminados – como pessoas negras, indígenas e quilombolas – tendo em vista sua vulneração social[43] e consequente desigualdade de oportunidades diante do grupo hegemônico.

Nessa altura, importa afirmar que não desconhecemos a distinção entre raça e etnia. Enquanto a raça se refere aos fatores fenotípicos – como a cor da pele, os traços faciais e a textura dos cabelos –, a etnia é uma concepção eminentemente sociocultural e abrange também elementos relacionados a aspectos psicológicos e intelectuais, como a cultura, a língua, a religião e as tradições, conectando seus membros por suas origens e interesses comuns compartilhados.[44]

---

42. Aqui nos referimos a grupos étnico-raciais em atenção à realidade brasileira, em que os povos indígenas – embora a rigor componham diversas etnias – foram historicamente (e ainda são) racializados, tendo inclusive recebido a denominação de negros da terra (MONTEIRO, 1994), e mantidos à margem da sociedade. Nesse sentido, as cotas raciais, no Brasil, têm contemplado também pessoas indígenas e quilombolas. Estes últimos, a depender das configurações socioculturais, são pessoas negras que, em grande medida, mantêm-se ligadas também por elementos étnicos.

43. Como já pontuado em outra oportunidade, adoto a expressão grupos vulnerabilizados ou o termo vulneração (ato de vulnerar) –, por compreender que não estamos diante de "um estado de vulnerabilidade natural ou imputável a tais grupos, mas sim de realidades ativamente construídas pelo Estado e pela sociedade, por meio das mais diversas formas de opressão" (VAZ; RAMOS, 2021: 33).

44. Segundo Kabengele Munanga (2004: 28), "o conteúdo da raça é morfobiológico e o da etnia é sociocultural, histórico e psicológico. Um conjunto populacional dito raça 'branca', 'negra' e 'amarela', pode

Diante desse cenário, por estabelecerem *tratamento diferenciado* na atribuição de bens escassos – e, por conseguinte, fortemente disputados, como candidaturas a listas eleitorais, postos de trabalho e vagas em universidades –, as cotas raciais costumam ser classificadas como medidas de *discriminação positiva*. Estas são definidas pelos seguintes elementos:

a. criação de mecanismos de reparação/compensação em favor de indivíduos pertencentes a grupos objeto de discriminação adversa, sistemática e estrutural;
b. a consequente redução dos privilégios dos grupos hegemônicos;
c. a tendência a desestabilizar a densa estrutura racialmente hierarquizada das sociedades contemporâneas;
d. mais aproximação da igualdade de resultados (pontos de chegada) do que outras ações afirmativas.

Com efeito, o sistema de cotas possibilita a concessão de tratamento diferenciado àquele indivíduo que – em virtude de sua pertença a um grupo vulnerabilizado – se encontra, à partida, numa situação de desvantagem e que, em regra, não obteria o posto almejado se não fosse contemplado pela medida.

---

conter em seu seio diversas etnias. Uma etnia é um conjunto de indivíduos que, histórica ou mitologicamente, têm um ancestral comum; têm uma língua em comum, uma mesma religião ou cosmovisão; uma mesma cultura e moram geograficamente num mesmo território".

Objetivos

O principal objetivo das cotas raciais relaciona-se com a *inclusão social* de grupos étnico-raciais marginalizados para atenuar os efeitos negativos atuais – geralmente decorrentes de um passado histórico – de discriminações institucional e estruturalmente disseminadas na sociedade.

Outras finalidades têm sido atribuídas às ações afirmativas e, portanto, também se inserem no escopo das cotas raciais, quais sejam:

a. o fomento da convivência com a diversidade;
b. a mobilidade social, por possibilitar a ascensão social de pessoas dos grupos raciais subalternizados, tornando a "comunidade mais igualitária em termos gerais" (DWORKIN, 2002: 349);
c. o favorecimento do desenvolvimento econômico, já que muitos países têm sua população formada por maioria ou significativa parcela de indivíduos pertencentes a tais grupos, como é o caso do contingente negro no Brasil;
d. o estímulo a outros eventuais destinatários da política pública, por meio de "exemplos vivos de mobilidade social ascendente";[45]

---

45. Joaquim B. Barbosa Gomes (2001: 49) afirma que as ações afirmativas contribuiriam para a formação de personalidades emblemáticas, que serviriam de exemplo às gerações mais jovens. Logo, a ação afirmativa também seria um mecanismo institucional na criação de exemplos de mobilidade social ascendente, consequentemente incentivando

e. a desconstrução de estereótipos negativos, que perpetuam o estigma de inferioridade dos membros de tais grupos vulnerabilizados;
f. o aproveitamento de talentos desperdiçados e apagados pelo racismo e outras formas de opressão que com ele se interseccionam.

Tratando mais detidamente das cotas raciais, para além do que já foi mencionado, elas objetivam, ainda e mais especificamente, incrementar – por meio do mecanismo de reserva de vagas – a presença negra nos espaços de poder em que essa população se mantém sub-representada, muitas vezes, quase ou totalmente ausente. A finalidade precípua do sistema de cotas raciais é o efetivo preenchimento das vagas reservadas – e não apenas o seu mero anúncio em editais –,[46] de modo que o resultado mínimo pretendido deve ser garantido, através da correta execução da política pública.

Nesse ponto, é indispensável evidenciar que o propósito das cotas raciais é assegurar uma presença negra

---

a educação e aprimoramento profissional dos grupos que se percebem representados por meio desses exemplos.

46. Conforme veremos mais adiante ainda é comum que, mesmo com a política de cotas previstas em seus editais, concursos públicos não ofereçam vagas para cotistas – em virtude do fracionamento das vagas por especialidade – ou não aprovem cotistas suficientes para o número de vagas oferecido em razão de cláusulas de barreira e critérios editalícios que podem funcionar como verdadeiros *filtros raciais*.

mínima – e não máxima – nos espaços a que se destinam. Em outras palavras, tais ações afirmativas não estabelecem um teto, mas um piso para inclusão de pessoas negras. Justamente por isso as normas legais, regras editalícias e decisões judiciais pertinentes ao tema têm reforçado que as/os candidatas/os cotistas que alcançarem pontuação suficiente para figurar na lista de ampla concorrência, nesta devem ser computadas/os – e não na lista de cotistas –, possibilitando que mais candidatas/os cotistas aprovadas/os sejam convocadas/os.

Não é à toa que falamos em presença e não em representatividade. Embora a representatividade seja importante no sentido de romper barreiras e afastar estereótipos – até mesmo a partir de referências inspiradoras –, é preciso evitar a armadilha de criarmos porta-vozes de toda uma coletividade, reforçando, assim, a ideia de suficiência da figura da/o negra/o única/o nos espaços de poder. Temos dito que um dos efeitos mais perversos do racismo é naturalizar ausências. E é assim que a estrutura racista se organiza para continuar autorizando espaços milimetricamente calculados para pessoas negras, com concessões que não transcendem a ascensão individual de raros representantes.

Desse modo, as cotas raciais, ao ampliarem a presença negra em posições sociais antes monopolizadas pela branquitude, dilui o foco na representação exclusiva ou solitária – ainda que positiva – naturalizando a presença negra e coletivizando, gradativamente, a conquista emancipatória. Não que a ascensão individual seja irrelevante; nossa presença em determinados espaços é, por si só, pedagógica. Mas se essa presença se multiplica – e vem acompanhada de uma postura antirracista pautada na identidade, consciência e letramento raciais – ela é revolucionária. Por isso, podemos dizer que as cotas raciais – notadamente no contexto brasileiro – são uma revolução silenciosa.

Após todo o exposto, embora já se possa presumir, não é demasiado asseverar que, em sua essência, as ações afirmativas de um modo geral – e as cotas raciais, mais especificamente – não são medidas de combate à pobreza. Esta deve ser enfrentada com programas de distribuição de renda e reformas fiscais/tributárias. Ainda que possam ter impactos na redução das desigualdades socioeconômicas, as ações afirmativas se voltam para o enfrentamento ao racismo e outras formas estruturais de discriminação e vulneração social.

Fundamentos

Os fundamentos das cotas raciais e das ações afirmativas, de um modo geral, giram em torno do princípio constitucional da igualdade, notadamente da compreensão das noções de igualdade de oportunidades e igualdade de resultados.

Também denominada igualdade de chances ou

igualdade nos pontos de partida, a *igualdade de oportunidades* se constitui como uma das tônicas do Estado Democrático de Direito. Sob essa perspectiva, ela objetiva assegurar que todos os membros de uma sociedade possuam condições de participar da *corrida* pela conquista dos bens essenciais da vida, partindo de posições minimamente iguais. Uma vez que as desigualdades fáticas tornam a competição social injusta, para garantir condições equivalentes nos pontos de partida, "é preciso equalizar os meios de ação das pessoas pela eliminação de mecanismos discriminatórios e por práticas redistributivas que permitam um mínimo de justiça social" (MOREIRA, 2020: 154).

Nessa linha de entendimento, abre-se espaço para a concepção de *igualdade de resultados* ou nos *pontos de chegada*, através da adoção de medidas especiais para que determinados grupos sociais alcancem resultados que não seriam alcançados diante das persistentes formas de opressão a que estão submetidos. Ou seja, recorre-se a uma *desigualdade de direitos* para corrigir desigualdades fáticas (THARAUD; PLANCKE, 2006: 177).

As ações afirmativas têm como fundamento não apenas o estímulo à diversidade e a promoção da igual participação de todas/os no processo democrático, mas, sobretudo, a necessidade de *medidas emancipatórias* voltadas para a *igual liberdade de escolha*. Isso porque a remoção de obstáculos e a realização da justa redistribuição, levando-se em consideração as desigualdades alicerçadas na raça, geram significativos impactos na autonomia dos indivíduos pertencentes a grupos raciais vulnerabilizados. Tendo em vista a radicalidade da raça como fator determinante das desigualdades no Brasil, a justiça social, por si só, não dá conta de concretizar o enfrentamento ao racismo e impulsionar a promoção da igualdade racial. Para tanto, é preciso também conceber justiça racial.

Em termos de justiça racial, o consentimento ou a omissão estatal diante da restrição de acesso a recursos e direitos ocasionada pelo racismo corresponde à negação da igual dignidade dos grupos raciais subalternizados. Uma perspectiva material do princípio igualitário exige que sejam providas condições para o livre desenvolvimento das capacidades e potencialidades dos indivíduos, a partir do reconhecimento de suas especificidades e demandas correlatas.

A adoção de ações afirmativas não está sujeita à mera conveniência dos poderes públicos, sendo que a inércia estatal gera violação, por omissão, do direito à promoção da igualdade racial. Ou, de outra forma, real discriminação por omissão. Isso porque o direito de não ser racialmente discriminado também é violado quando o Estado não estabelece tratamento diferenciado a pessoas e grupos cuja situação é significativamente desigual com base na raça.

Portanto, nas realidades em que a raça – sobretudo

com fundamento na antinegritude –[47] atue com significado estigmatizante, capaz de produzir hierarquização social inferiorizadora, o Estado tem o dever de atuar como agente transformador para promover igualdade racial.

Condições

Dentre as condições a serem observadas, destacamos as mais relevantes, a começar pelo *combate às desigualdades verificadas no presente*. A situação de desvantagem social do grupo destinatário das cotas raciais deve ser verificada no contexto da aprovação da medida, sob pena de se tornarem ilegítimas e arbitrárias, muito embora saibamos que estas, em geral, decorrem de arraigados processos históricos de discriminação. Logo, deve haver uma necessária correlação entre os acontecimentos do passado, seus reflexos na atualidade e os princípios constitucionais, de forma que a justiça distributiva esteja associada à busca da igualdade material.

Daqui se extrai outra condição das cotas raciais: a temporalidade ou transitoriedade.[48] Quando a situação

---

47. Para Robin Diangelo (2018: 190), a antinegritude consiste num particular sentimento integrante da identidade branca. Não se trata de minimizar o racismo enfrentado por outros grupos, mas sim de compreender que o ser negro é colocado como "outro racial" do ser branco, no processo de hierarquização racial da modernidade, cujos efeitos são persistentes. Sobre o tema antinegritude, ver a excelente obra organizada por Osmundo Pinho e João Vargas (2016).

48. A temporalidade das políticas de ação afirmativa não é fator pacífico na doutrina. Há grupos que – em virtude das origens e da

de vulneração que gerou a implementação das cotas raciais for superada, estas devem ser extintas, já que seus fundamentos não mais subsistem.[49] Em outras palavras, diluído o contexto discriminatório que justificou sua adoção, não será mais necessária – e se tornará, portanto, ilegítima – a intervenção dos poderes públicos. Do mesmo modo, a alteração das circunstâncias iniciais que fundamentaram a medida poderá justificar adaptações ao modelo inicialmente estabelecido, a partir da revisão periódica do sistema de cotas.

Outro importante requisito a ser observado diz respeito à *proporcionalidade* no que tange à representação social do coletivo destinatário das cotas raciais. Isto é, o percentual de vagas reservadas deve, a princípio, estar relacionado – embora não necessariamente em termos exatos – com o contingente do grupo étnico-racial

---

intensidade da vulneração a que foram (são) submetidos – necessitam do constante aperfeiçoamento dessas políticas, requerendo um lapso temporal extenso, senão definitivo. Para Eric Hobsbawm (2002: 311), a ação afirmativa "somente se coaduna à noção de igualdade caso se suponha que se trata de uma medida temporária, a ser abandonada aos poucos, quando o grupo destinatário houver atingido o acesso igual pelos próprios méritos". Sidney Madruga (2005: 60), no entanto, observa que há programas de discriminação positiva que, em razão das especificações dos grupos contemplados, devem figurar como medidas constantes, como é o caso das comunidades indígenas no Brasil. Para Louis Favoreu (2010: 21), em matéria de representação política, as cotas para mulheres configuram-se como medidas de caráter definitivo.

49. Convém recordar que a Convenção Interamericana contra o Racismo reforça a temporalidade das ações afirmativas, no seu artigo 1.5.

presente na população. Porém, a disparidade estatística apurada pode justificar até mesmo a adoção de percentuais de reserva de vagas mais elevados do que aqueles relacionados à representação do grupo étnico-racial na população, justamente para compensar a sub-representação detectada ou, ainda, para corrigir um passivo de implementação ineficaz das cotas.

Por fim, as cotas raciais precisam estar em harmonia com os valores e princípios absorvidos pela Constituição, de modo que se voltem para a realização de fins constitucionalmente desejáveis. O reconhecimento constitucional do racismo e das desigualdades raciais é um elemento relevante a indicar a constitucionalidade – ainda que implícita – da adoção de cotas raciais em determinados setores.

2.2. PRECEDENTES DAS COTAS RACIAIS NO BRASIL

Ao contrário do que se costuma propagar, as ações afirmativas não se configuram como mecanismo de inclusão social tão recente na história do Brasil, embora apenas há cerca de duas décadas sua implementação tenha se voltado para grupos raciais vulnerabilizados.

A título de exemplo, temos o Decreto nº 20.291, de 19 de agosto de 1931 – regulamentador do artigo 3º do Decreto nº 19.482, de 12 de dezembro de 1930 (conhecido como Lei da Nacionalização do Trabalho) – que previa a reserva de 2/3 das vagas das empresas multinacionais instaladas no Brasil para trabalhadores brasileiros. Em 1968, foi aprovada a chamada Lei do Boi (Lei nº 5.465, de 3 de julho de 1968), que reservava 50% das vagas dos estabelecimentos de ensino médio agrícola e das escolas superiores de Agricultura e Veterinária para agricultores ou filhos destes, proprietários ou não de terras, residentes na zona rural. A reserva era de 30%, caso os mesmos candidatos fossem residentes em cidades ou vilas que não possuíssem estabelecimentos de ensino médio.

A Constituição de 1988 foi a primeira a consagrar o princípio da igualdade na sua dimensão material, prescrevendo como objetivos fundamentais da República Federativa do Brasil a construção de uma sociedade livre, justa e solidária, bem como a promoção do bem de todos, sem preconceitos de origem, raça, sexo, cor, idade e quaisquer outras formas de discriminação. Menos de uma década após o advento do novo regime constitucional, já tínhamos duas leis de cotas: a Lei nº 8.112, de 1990, com reserva de 20% de vagas em concursos públicos federais para deficientes físicos (artigo 5º, § 3º), e a Lei nº 9.504, de 1997, com reserva de 30% para candidatura de mulheres em cada partido político ou coligação.

Quando as reservas legais de vagas são supostamente genéricas ou universalistas, tendem a manter os privilégios da branquitude e, por isso, não geram debates e não enfrentam severos obstáculos para sua consecução. Quando se trata, entretanto, da instituição legal de cotas raciais – sobretudo para pessoas negras –, o país da "democracia racial" e sua branquitude egocentrada resistem por décadas, impondo entraves às políticas de promoção da igualdade racial e negociando nossos direitos o tanto quanto possível.

No âmbito legislativo, Abdias Nascimento foi pioneiro na apresentação de projetos de lei que tratassem do enfrentamento ao racismo e da promoção da igualdade racial, chegando a propor ações afirmativas para os descendentes de africanos escravizados. Em 1983, na condição de deputado federal, propôs, por meio do Projeto de Lei (PL) nº 1.332, uma série de medidas compensatórias [*veja Anexo 1, na pág. 211*] para proporcionar isonomia entre negros e brancos nos setores de oportunidade de trabalho, remuneração, educação, tratamento policial etc. Dentre elas, havia a proposta de participação de pelo menos 20% de homens negros e 20% de mulheres negras em todos os escalões de trabalho de órgãos da administração pública e em empresas privadas, preferencialmente nas funções de melhor remuneração.

Além disso, o PL nº 1.332 pretendia a concessão de 40% das bolsas de estudos a estudantes negros, nos ensinos primário, secundário, superior e de pós-graduação; a reserva de 20% de vagas para homens negros e 20% para mulheres negras no Instituto Rio Branco; a incorporação das contribuições do povo africano e seus descendentes para a construção do país nos cursos de História do Brasil; a orientação antirracista dos policiais militares e civis, federais e estaduais; além da inclusão do quesito cor/raça ou etnia em todas as pesquisas censitárias do Instituto Brasileiro de Geografia e Estatística (IBGE).

De 1983 a 1986, o PL recebeu pareceres favoráveis na Câmara dos Deputados, contudo, até 1989 não havia sido votado pelo plenário, o que culminou no seu arquivamento. É de se imaginar os frutos que hoje já teríamos colhido, em termos de justiça racial, caso o visionário projeto de Abdias tivesse se tornado lei.

Mas como a sede pela manutenção da hegemonia faz com que a branquitude se sacie até transbordar o seu copo,[50] foram precisos quase 10 anos para que o Congresso Nacional voltasse a tratar de assuntos relacionados à promoção da igualdade racial. Apenas no fim dos anos de 1990, a partir de reivindicações dos movimentos negros, reverbera novamente o debate sobre ações afirmativas no Congresso Nacional.

Em julho de 2000, destacou-se o Projeto de Lei nº 3.198 – de iniciativa do então deputado Paulo Paim –, que pretendia instituir o Estatuto da Igualdade Racial e

---

50. Referência à pergunta atemporal feita por Sojouner Truth, em 1851, durante o seu célebre discurso na Conferência pelos Direitos das Mulheres, em Akron – Ohio: "Se o meu copo não tem mais que um quarto, e o seu está cheio, por que você me impediria de completar a minha medida?" (TRUTH, 2014).

resgatava diversas proposições apresentadas, em 1983, por Abdias Nascimento. Com o objetivo de defesa dos que sofrem preconceito ou discriminação em função de sua etnia, raça e/ou cor, a proposta originária trazia 36 artigos relacionados à saúde, educação, esporte, cultura e lazer, dentre outros direitos fundamentais, com destaque para a previsão de cotas raciais em concursos públicos federais, estaduais e municipais, em universidades e para candidaturas em partidos políticos.

Na esteira dos avanços legislativos conquistados a duras penas, em 2001, tiveram início programas de ações afirmativas raciais nos Ministérios do Desenvolvimento Agrário, da Cultura e da Justiça *[veja Anexo 2, na pág. 211]*, sendo também dignos de nota – apesar da baixa eficácia alcançada – os programas e ações governamentais aprovados no período *[veja Anexo 3, na pág. 212]*.

A Conferência Mundial Contra o Racismo, Discriminação Racial, Xenofobia e Intolerância Correlata, ocorrida em Durban, África do Sul, em 2001, foi determinante para inaugurar uma concepção mais consistente da ação afirmativa como instrumento de redução das desigualdades raciais no Brasil. Pela primeira vez, o Governo Brasileiro admitiu, internacionalmente, a existência de desigualdades raciais, comprometendo-se com o seu enfrentamento.

Em meio a substitutivos, alterações substanciais no seu caráter impositivo e manifestações do movimento negro, o Estatuto da Igualdade Racial foi, enfim, aprovado em junho de 2010, após dez anos de tramitação no Congresso Nacional, tendo a Lei nº 12.288 sido sancionada pelo então presidente da República, Luiz Inácio Lula da Silva, em julho do mesmo ano. Diversas críticas foram apresentadas à versão final da Lei, em especial as excessivas concessões negociadas para que o Estatuto da Igualdade Racial lograsse aprovação, o que teria ocasionado a retirada de dispositivos relevantes para a efetiva redução das desigualdades raciais no Brasil, notadamente a instituição de cotas raciais.[51]

Nada obstante, não se pode negar que o Estatuto da Igualdade Racial constitui um dos marcos legislativos de fundamental importância para a proteção e a promoção da igualdade racial no ordenamento jurídico brasileiro. A Lei firma diretrizes voltadas à inclusão social da população negra, envolvendo desde o acesso à saúde, educação, terra, moradia, cultura e lazer, até sua inserção no mercado de trabalho e nos meios de comunicação.

2.3. COTAS (SOCIO)RACIAIS NAS UNIVERSIDADES PÚBLICAS

Coube aos movimentos negros – com sua luta

---

51. Tatiana Dias Silva (2012) apresenta um quadro comparativo entre o projeto originário do Estatuto da Igualdade Racial e a Lei nº 12.288/2010, apontando as principais alterações.

emancipatória pedagógica[52] – o papel de convencimento e constrangimento do poder público e das instituições de ensino para a paulatina transformação das desigualdades raciais na sociedade brasileira. Sim, é preciso reconhecer o protagonismo dos movimentos negros – inclusive os estudantis – no processo de implementação das cotas raciais no Brasil.

Como resultado dessas lutas, no início da década de 2000, começam a surgir os primeiros editais com programas de ações afirmativas raciais nas universidades públicas brasileiras, alguns subsidiados por leis estaduais, outros pautados unicamente no princípio da autonomia universitária.[53]

Nesse contexto, por iniciativa própria, a Universidade do Estado da Bahia (UNEB) foi pioneira na adoção de ações afirmativas raciais, por meio da Resolução nº 196, de 2002, que estabeleceu cota mínima de 40% das vagas para a população afrodescendente nos seus cursos de graduação e pós-graduação, embora a ação afirmativa só tenha começado a ser aplicada no vestibular do ano

---

52. Nilma Lino Gomes (2017) nos revela como o movimento negro assume caráter educador em meio à sua luta emancipatória, já que, nesse processo, educa a sociedade e o Estado, mas também a si mesmo, construindo saberes essenciais para a luta antirracista e, portanto, para a democratização do nosso país.

53. Nos termos do artigo 207 da Constituição Federal: "As universidades gozam de autonomia didático-científica, administrativa e de gestão financeira e patrimonial, e obedecerão ao princípio de indissociabilidade entre ensino, pesquisa e extensão".

seguinte. A Universidade do Estado do Rio de Janeiro (UERJ), por sua vez, adotou o sistema de cotas a partir de 2003, com fundamento em leis estaduais *[veja Anexo 4, na pág. 212]* que instituíam reserva de vagas para candidatas/os oriundas/os da rede pública de ensino e/ou autodeclaradas/os pretas/os ou pardas/os.

No âmbito federal, a Universidade de Brasília foi a primeira a implementar, em 2004, o sistema de cotas, reservando 20% de suas vagas para estudantes negras/os.

Desde então, diversas universidades estaduais e federais – não sem questionamentos na justiça – passaram a adotar políticas afirmativas, optando por diferentes formatos, alguns exclusivamente sociais ou raciais, outros agregando as duas modalidades (cotas sociorraciais).

O descontentamento das elites brasileiras com a implementação de medidas de democratização racial do ensino superior – antes reservado quase que exclusivamente para pessoas brancas, que chegavam a ocupar 97% das vagas (CARVALHO, 2004: 12)[54] – gerou o encadeamento de reações no ambiente acadêmico, nos meios de comunicação e, sobretudo, no sistema de justiça, por meio de um fenômeno de *judicialização contra as cotas raciais*.

---

54. Segundo dados do Censo de 2000 (IBGE), no Brasil – dentre a população com mais de 25 anos e com nível superior –, pessoas brancas representavam 82,8% nas universidades brasileiras, enquanto os pardos eram apenas 12,2%, os pretos 2,1%, os amarelos 2,3% e os indígenas, 0,1%.

ADPF 186 e a constitucionalidade das cotas raciais

Logo nos primeiros anos de sua implementação, foram inúmeras as ações ajuizadas por candidatas/os brancas/os contra o sistema de cotas, sob a alegação, em síntese, de violação dos princípios da igualdade e da não discriminação racial. A jurisprudência brasileira oscilou entre a constitucionalidade e a inconstitucionalidade das cotas raciais nas universidades públicas, com certa preponderância para o primeiro entendimento, até o advento da decisão do Supremo Tribunal Federal (STF) na Ação por Descumprimento de Preceito Fundamental (ADPF) nº 186-2, em abril de 2012.

A Universidade de Brasília (UnB) iniciou a discussão sobre a reserva de vagas, em 1999, o que resultou na paradigmática aprovação do sistema de cotas raciais, em junho de 2003, com implementação iniciada no vestibular do segundo semestre de 2004. Desse modo, a UnB foi a primeira universidade pública federal a adotar cotas exclusivamente para pessoas negras, a partir de decisão baseada na autonomia do seu Conselho Acadêmico.

Em 2009, o Partido Democratas ajuizou a Ação por Descumprimento de Preceito Fundamental[55] nº 186-2,

---

55. A Arguição de Descumprimento de Preceito Fundamental (ADPF) é um tipo de ação ajuizada exclusivamente perante o Supremo Tribunal Federal, tendo como objetivo evitar ou reparar lesão a preceito fundamental resultante de ato do Poder Público.

questionando os atos administrativos do Conselho de Ensino, Pesquisa e Extensão da Universidade de Brasília (CEPE/UnB), os quais determinavam a reserva de 20% das vagas oferecidas pela instituição para estudantes negras/os, além de uma reserva para indígenas. Em sua arguição, o partido impugnou especificamente o que denominou de *políticas afirmativas racialistas*, argumentando que a raça não poderia, isoladamente, figurar como "critério válido, legítimo, razoável e constitucional de diferenciação entre o exercício de direitos dos cidadãos".

Afirmou que o sistema de cotas raciais poderia agravar o preconceito racial, ao instituir a *consciência estatal da raça*, ofendendo arbitrariamente o princípio da igualdade e gerando "discriminação reversa em relação aos brancos pobres", além de favorecer a classe média negra. O arguente alegou, ainda, que a teoria compensatória voltada para a reparação do dano causado pela escravidão não poderia ter aplicação num país miscigenado como o Brasil, no qual o fenótipo "diz muito pouco sobre a ancestralidade de uma pessoa". Acrescentou que, por meio dessa teoria, "o objetivo seria o de promover o resgate da dívida histórica que os homens brancos possuem com relação aos negros", não sendo factível a responsabilização das gerações presentes por erros cometidos no passado. Enfim, sugeriu que um modelo que levasse em consideração apenas a renda dos candidatos, em vez da raça, atingiria o objetivo de integrar os negros, ao tempo em que seria menos lesivo aos direitos fundamentais.

A principal questão de fundo colocada era se os programas de ações afirmativas que instituem sistema de reserva de vagas para acesso ao ensino superior, com base em critério étnico-racial, eram ou não constitucionais.

Em seu voto, o relator da ação, ministro Ricardo Lewandowski, explorou temas essenciais como as concepções de igualdade formal e igualdade material, justiça distributiva, políticas de ação afirmativa, critérios para ingresso no ensino superior, papel integrador da universidade, auto e heteroatribuição e princípio da proporcionalidade.

Sobre o princípio da isonomia, o voto salientou que as políticas afirmativas representam a superação de uma concepção meramente formal de igualdade, integrando o próprio cerne da democracia. Nesse sentido, assentou que o desiderato de transformação do direito à isonomia em igualdade de possibilidades apenas pode ser alcançado com a aplicação da justiça distributiva, que permite a correção das desigualdades verificadas na realidade fática, a partir da realocação, pelo Estado, dos bens e oportunidades existentes na sociedade, em benefício da coletividade como um todo.

Destacando a importância de se interpretar a constituição de modo a equilibrar o rigor da aferição do mérito com o princípio da igualdade material, a decisão firmou o entendimento de que as aptidões dos candidatos devem ser aferidas de modo a conjugar seu conhecimento técnico e sua atividade intelectual ou artística com sua capacidade potencial de intervenção nos problemas sociais; metodologia de seleção que pode perfeitamente levar em consideração critérios étnico-raciais ou socioeconômicos.

> De fato, critérios ditos objetivos de seleção, empregados de forma linear em sociedades tradicionalmente marcadas por desigualdades interpessoais profundas, como é a nossa, acabam por consolidar ou, até mesmo, acirrar as distorções existentes. Os principais espaços de poder político e social mantêm-se, então, inacessíveis aos grupos marginalizados, ensejando a reprodução e perpetuação de uma mesma elite dirigente. Essa situação afigura-se ainda mais grave quando tal concentração de privilégios afeta a distribuição de recursos públicos. (Inteiro teor Acórdão ADPF 186-2, 2012, Voto do Relator, p. 15).

O voto ainda pontuou a importância das ações afirmativas na criação de lideranças entre os grupos discriminados que, além de lutar pela defesa dos seus direitos, servem de paradigma de integração e ascensão social. Sob essa perspectiva, o voto vislumbra nessas medidas a aceleração de mudança na atitude subjetiva dos integrantes desses grupos, com elevação da autoestima e preparação do terreno para sua progressiva e plena integração social.

Ademais, considerando que a concepção de justiça social, para além de políticas meramente redistributivas, envolve, atualmente, políticas de reconhecimento e valorização de grupos étnicos e culturais, concluiu-se que a utilização exclusiva do critério social é insuficiente para promover a integração social de grupos excluídos, e que as ações afirmativas devem incorporar considerações de ordem étnica e racial. Reforçou-se, ainda, na decisão, o papel integrador da universidade – como espaço que tem a diversidade como componente essencial –, com destaque para a vantagem propiciada pelas ações afirmativas a todo o meio acadêmico, ao oportunizar a convivência com as diferenças.[56]

Todas/os as/os demais ministras/os integrantes da Corte seguiram o voto do relator, gerando decisão unânime do Supremo Tribunal Federal reconhecendo a constitucionalidade do sistema de cotas raciais para ingresso nas universidades públicas brasileiras.

O julgamento da ADPF nº 186-2 é paradigmático, não apenas pelo seu resultado, mas também por ter proporcionado, no curso da ação, um amplo

---

56. O desfecho do voto sintetiza características essenciais das ações afirmativas de promoção da igualdade racial já mencionadas aqui, a exemplo da proporcionalidade, transitoriedade e compatibilidade com princípios constitucionais. (Inteiro teor Acórdão ADPF 186-2, 2012, Voto do Relator, p. 92).

debate envolvendo sociedade civil organizada, movimentos sociais, pesquisadoras/es e acadêmicas/os, num processo de democratização do próprio sistema de justiça. Diversas foram as entidades do movimento negro admitidas na condição de *amicus curiae*,[57] procedimento que se mostra inteiramente condizente com os próprios objetivos das ações afirmativas e que permitiu na participação dos grupos subalternizados na justificação, interpretação e aplicação das normas jurídicas, como verdadeiros intérpretes da Constituição.

Não se pode negar o impacto positivo da decisão do STF, no sentido de uniformização da jurisprudência a respeito do tema, haja vista que a constitucionalidade do sistema de cotas raciais nas universidades brasileiras vinha sendo objeto de decisões contraditórias por parte da magistratura de primeira e segunda instâncias, nos âmbitos estadual e federal.

Com o reconhecimento da constitucionalidade das cotas raciais começa a se consolidar a necessidade de postura ativa do Estado na garantia do acesso racialmente equitativo aos bens, direitos e posições sociais. Para além dessa percepção, vai se firmando o entendimento de que a Constituição Federal não apenas autoriza, mas torna imperativa para os poderes constituídos a adoção de medidas positivas de promoção da igualdade

---

57. Trata-se de modalidade de intervenção de terceiros que tem por objetivo fornecer subsídios ao órgão jurisdicional para o julgamento da causa.

racial, no contexto brasileiro. Dito de outro modo, aponta-se para o reconhecimento de um efetivo direito da população negra à promoção da igualdade racial, gerando para o poder público um dever correspondente.

Cotas raciais ou sociais? As cotas raciais como subcotas na Lei nº 12.711/2012

Após intensos debates em meio à imprensa, sociedade civil e movimentos sociais sobre a constitucionalidade das cotas raciais no ensino superior, a decisão do Supremo Tribunal Federal na ADPF nº 186-2 abriu espaço para a consolidação das medidas afirmativas raciais no âmbito legislativo, que, desde aprovação do Estatuto da Igualdade Racial, em 2010, mantinha resistência em relação à temática. De fato, meses depois de concluída a votação no STF, foi sancionada a Lei nº 12.711, que criou cotas sociais e étnico-raciais para o ingresso nas instituições federais de educação superior vinculadas ao Ministério da Educação, ficando conhecida como *lei de cotas*.

Nesse ponto, é relevante recordar que, embora a chamada *lei de cotas* esteja completando 10 anos em 2022, pode-se afirmar que as ações afirmativas étnico-raciais ou *política de cotas* já perfazem 20 anos no Brasil. Com efeito, como vimos, a formalização legal do sistema de cotas apenas se concretizou cerca de uma década após o início de sua implementação pelas universidades públicas pioneiras na adoção da reserva de vagas para grupos étnico-raciais vulnerabilizados.

De todo modo, a Lei nº 12.711/2012 instituiu o sistema de cotas no ensino superior compulsoriamente, estabelecendo prazo até agosto de 2016 para que todas as instituições federais de educação superior cumprissem suas determinações, quais sejam:

a. reservar, em cada concurso seletivo para ingresso nos cursos de graduação, por curso e turno, no mínimo, 50% das vagas para estudantes que cursaram o ensino médio/fundamental integralmente em escolas públicas;
b. destas vagas, reservar metade, ou seja, 25% do total, para estudantes oriundos de famílias com renda *per capita* igual ou inferior a um salário-mínimo e meio;
c. reservar, dentro do percentual de 50% destinado a estudantes de escola pública, vagas para autodeclaradas/os negros, pardos e indígenas e pessoas com deficiência,[58] numa fração, no mínimo, igual à proporção desses grupos na população da unidade da federação em que estão instaladas as instituições, segundo o último censo do IBGE.

Uma análise mais cuidadosa do texto da lei nos permite afirmar que, na realidade, as cotas raciais para ingresso no

---

58. O grupo pessoas com deficiência foi incluído posteriormente pela Lei nº 13.409, de 2016.

ensino superior são subcotas das cotas sociais. O gráfico abaixo nos permite visualizar o que ora afirmamos:

Dessa maneira, a Lei nº 12.711/2012 institui, com prioridade, as denominadas cotas sociais, já que leva em consideração a origem socioeconômica das/os candidatas/os, seja pela frequência a escolas públicas, seja pela renda familiar. Das cotas sociais é que se extrai um percentual – variável conforme a composição étnico-racial da população do estado onde está instalada a instituição – destinado às cotas raciais.

Colocando em números absolutos, se uma determinada universidade pública oferece 100 vagas para ingresso na graduação, destas, metade (50 vagas) deve ser reservada para estudantes que tenham cursado o ensino médio integralmente em escolas públicas, independentemente da pertença étnico-racial. Isso quer dizer que a cota social pelo critério de frequência ao ensino médio público engloba também estudantes brancas/os. Metade dessas últimas vagas, ou seja, 25 vagas, serão necessariamente preenchidas por estudantes oriundos de famílias com renda igual ou inferior a um salário-mínimo e meio per capita, também sem qualquer vinculação à identidade étnico-racial.

Enfim, apenas no âmbito das cotas sociais é que serão reservadas vagas para pessoas negras (pretas e pardas), indígenas e com deficiência, em percentuais a serem estabelecidos em observância à proporção desses grupos na população do estado em que se encontra a sede da instituição de ensino.[59] É importante recordar, ainda, que, conforme o Decreto nº 7.824/2012 – que regulamenta a Lei nº 12.711/2012 – "as instituições federais de educação poderão, por meio de políticas específicas de ações afirmativas, instituir reservas de vagas suplementares ou de outra modalidade" (artigo 5º, § 3º). Com base neste dispositivo e na autonomia universitária, muitas instituições de ensino superior têm reservado vagas para outros grupos vulnerabilizados como quilombolas e pessoas transexuais, além de, em alguns casos, mesclar esses critérios com condições socioeconômicas das/os candidatas/os.

Em síntese, não há, na legislação brasileira, cotas exclusivamente raciais para acesso a universidades públicas, o que quer dizer que estudantes negras/os que – pelo sacrifício de suas famílias – não tenham cursado o ensino médio integralmente em escolas públicas não terão direito às vagas reservadas. No entanto, estudantes brancas/os oriundas/os de escolas públicas – que não sofrem as vulnerações decorrentes das opressões raciais – serão beneficiadas/os pela ação afirmativa, cuja essência é (ou deveria ser) o enfrentamento ao racismo e não o combate à pobreza.

---

59. Sendo o percentual de reserva de vagas para negras/os (pretas/os e pardas/os), indígenas e pessoas com deficiência variável conforme o estado da Federação, sinalizamos no gráfico esses percentuais como x, y e z.

DISTRIBUIÇÃO DE VAGAS PELO SISTEMA DE COTAS

Em princípio, 50% das vagas são reservadas a quem estudou integralmente em escolas públicas. Desses 50%, 25% são reservados a estudantes oriundos de famílias com renda per capita inferior a 1 salário-mínimo e meio. Os demais 25% se dividem entre estudantes autodeclarados pretos e pardos (x), estudantes indígenas (y) e estudantes com deficiência física (z).

Em outras palavras, o sistema de cotas, implementado no Brasil graças ao empenho e luta antirracista dos movimentos negros – que propuseram tais mecanismos com o objetivo de reduzir as desigualdades raciais –, acaba por ser descaracterizado pela desracialização, o que reduz significativamente sua acuidade e efetividade no enfrentamento ao racismo (THEODORO, 2022: 227). Quando, pela primeira vez na história do nosso país, surge uma política pública reparatória específica para a população negra, o golpe de misericórdia da branquitude, diante da inevitabilidade de sua implementação, consistiu em tentar "eliminar o critério raça como elemento fulcral da política" (THEODORO, 2022: 228).

A previsão legal de revisão (e não de revogação) do sistema de cotas

Levando em consideração a temporalidade das cotas raciais, a Lei nº 12.711/2012 fixou o prazo de dez anos, contados a partir da data de sua publicação, para a "revisão do programa especial para o acesso às instituições de educação superior de estudantes pretos, pardos e indígenas e de pessoas com deficiência, bem como daqueles que tenham cursado integralmente o ensino médio em escolas públicas" (artigo 7º).

Aqui é preciso elucidar uma questão essencial: não se trata de prazo para a revogação automática do sistema de cotas, mas para a sua revisão. Para que a lei de cotas seja revogada é preciso que sobrevenha uma lei que a revogue. Isto é, completados os dez anos estabelecidos pela lei – mais precisamente no dia 29 de agosto de 2022 –, não haverá extinção da política pública, mesmo que não se tenha ainda promovido a revisão legalmente determinada.

Mas a quem caberá revisar o sistema de cotas?

Na sua redação original, a lei incumbia ao Poder Executivo essa tarefa. Com a alteração promovida pela Lei nº 13.409/2016 – que incluiu na reserva de vagas as pessoas com deficiência –, deixou-se de indicar o ente responsável pela revisão.

De todo modo, é preciso pontuar alguns elementos a serem observados para a avaliação da política pública como, por exemplo, tempo de sua execução, eficácia na sua implementação, alcance dos resultados pretendidos. Para tanto, não se pode negar a importância da produção de estudos e dados estatísticos que possam subsidiar a análise do sistema de cotas, ainda que essas informações não tenham sido produzidas/divulgadas a contento pelos poderes públicos e universidades.[60]

Quanto ao tempo de execução da lei de cotas, questionamos: será que dez anos – ou vinte, se considerarmos o período anterior à lei – de política pública são suficientes para reverter os efeitos de quase 400 anos de sistema escravocrata? Qual seria o prazo razoável para o seu emprego e conclusão?

A questão está diretamente relacionada à finalidade da ação afirmativa racial, que não se circunscreve à consecução da medida em benefício de uma geração ou subgrupo, antes se relaciona com a estabilização do equilíbrio a ser alcançado a partir da redistribuição proposta. Apenas quando os resultados das ações afirmativas raciais, no contexto em que são aplicadas, mostrarem-se consistentes e efetivos, de forma

---

60. Apesar da dificuldade em se obter dados integrados sobre o ensino superior no Brasil, há uma série de estudos feitos por núcleos e pesquisadoras/es especializadas/os que são plenamente capazes de subsidiar o debate e as providências acerca da renovação do sistema de cotas. Aqui mencionamos, apenas para exemplificar, os estudos promovidos pelo Consórcio de Acompanhamento das Ações Afirmativas – iniciativa sob a coordenação do Afro-Cebrap e do Gemaa (UERJ), que agrega especialistas de diversas universidades estaduais e federais. Ver em: https://gemaa.iesp.uerj.br/projeto/consorcio2022/. Acesso em: 18 jul. 2022.

a atingir estruturalmente a hierarquização racial da sociedade, é que o direito à promoção da igualdade racial deixa de ser exigível constitucionalmente.

Assim, é preciso que haja estabilidade dos efeitos redistributivos propostos pela medida positiva, com a consequente consolidação da inclusão social do grupo racial destinatário, que permanecerá após a retirada da preferência estabelecida (IKAWA, 2008: 185). Daí a necessidade de constante monitoramento, análise e adequação das políticas afirmativas, a fim de subsidiar sua manutenção ou cessação e, ainda, os ajustes nos seus critérios e modo de aplicação. Portanto, os limites temporais das ações afirmativas raciais são períodos previstos para avaliação dos efeitos da política. Se cessada precipitadamente a medida, corre-se o risco de haver retrocesso no processo inclusivo, que, desse modo, ainda não terá sido capaz de se manter estável, tornando exigível a continuidade da ação afirmativa racial.

Ronald Dworkin (2005b: 544) apresenta dados concretos de como o recuo das políticas afirmativas pode trazer efeitos diretos no processo de inclusão de negras/os nas universidades estadunidenses. O autor refere que, durante 28 anos de aplicação das ações afirmativas, a Faculdade de Direito Boalt Hall, em Berkeley – apontada como principal faculdade de direito pública do estado – recebia em média 24 alunas/os negras/os por ano. Após cessada a medida, em 1997, nenhuma pessoa negra foi admitida na faculdade, e apenas uma deu continuidade ao curso que havia sido trancado no ano anterior.

Quanto à eficácia da política pública, não há dúvidas de que as fraudes ao sistema de cotas no Brasil têm prejudicado sobremaneira sua efetividade, dificultando o alcance do seu fim precípuo de inclusão de pessoas negras nas universidades. Ao longo dos 20 anos de ações afirmativas, a ausência ou escassez de mecanismos de controle permitiram o desvio de finalidade das cotas raciais, uma vez que pessoas socialmente brancas passaram a se autodeclarar negras para acessar as vagas reservadas. Apenas mais recentemente as comissões de heteroidentificação[61] passaram a ser amplamente instituídas pelas instituições de ensino superior com o objetivo de validar as autodeclarações raciais, impedindo, assim, que distorções na execução da política pública prejudiquem seus resultados concretos. Essa experiência de burla ao sistema de cotas revela uma característica essencial do *racismo à brasileira* que, mesmo sendo estrutural, mostra-se também dinâmico, performando novas estratégias de manutenção dos privilégios raciais da branquitude, a cada passo dado rumo à construção de justiça racial.

Diante do que já foi até aqui pautado, cabe refletirmos sobre a necessidade de manutenção do sistema

---

61. O tema será retomado no próximo capítulo, que terá como foco os desafios, limites e possibilidades das ações afirmativas, notadamente do sistema de cotas raciais.

de cotas raciais nas instituições de ensino superior, no atual contexto brasileiro, já que, mesmo não sendo automaticamente revogada em agosto de 2022, a política pública deverá ser avaliada e revisada em breve.

Primeiramente, é relevante reconhecer que, embora a proposição dos movimentos negros pela adoção das ações afirmativas na educação superior tenha no seu âmago a democratização racial do espaço acadêmico, os impactos provocados pelas cotas foram muito mais abrangentes. De fato, houve uma reestruturação das universidades que resultou na significativa ampliação da oferta de vagas, aumentando não apenas as chances de ingresso de estudantes negras/os, mas também de estudantes brancas/os de classe média.[62] Tanto que este grupo que se opunha fortemente às cotas raciais, alegando redução de suas oportunidades de acesso, nos últimos anos, vem se posicionando favoravelmente à medida.

Um levantamento do Instituto Datafolha, divulgado em 12 de junho de 2022, indicou que as cotas raciais em universidades públicas têm apoio de 50% da população brasileira. Das pessoas entrevistadas, 34% se posicionaram contra as cotas raciais, 3% disseram ser indiferentes e 12% não souberam responder. Segundo a pesquisa, a aprovação chega a 60% entre pessoas que

---

62. Tome-se como exemplo a Universidade Federal da Bahia que ampliou em mais de 100% o número de vagas oferecidas, comparando-se com o período anterior à adoção do sistema de cotas, implementadas em 2004.

possuem filhos que estudam em escolas particulares e que, por isso, não são destinatários da ação afirmativa.

Outra questão de relevo – talvez uma das principais – diz respeito ao efetivo incremento de estudantes negras/os nas universidades proporcionado pela política de cotas.

A Síntese de Indicadores Sociais do IBGE – referente à proporção dos estudantes entre 18 e 24 anos de idade que frequentavam o ensino superior, no período de 2004 a 2014 – revela a diferença de acesso a esse nível de escolaridade, conforme a raça/cor. Em 2004, o percentual de negras/os dessa faixa etária que estavam numa faculdade era de 16,7%, tendo saltado para 45,5%, em 2014. Já em relação a estudantes brancas/os, em 2004, 47,2% destes frequentavam faculdades, percentual que aumentou para 71,4%, em 2014. Tais dados são reflexo das ações afirmativas raciais no acesso ao ensino superior e contrastam de modo impressionante com as informações trazidas pelo censo demográfico de 2000 – anterior à implementação de tais políticas.

Segundo o informativo *Desigualdades Sociais por Cor ou Raça no Brasil*, do Instituto Brasileiro de Geografia e Estatística (IBGE), em 2018, a proporção de pessoas negras cursando o ensino superior em instituições públicas brasileiras chegou a 50,3%. A proporção de jovens negras/os, entre 18 e 24 anos, no ensino superior era de 55,6% em 2018, e entre brancas/os, a proporção é de 78,8%.

O avanço proporcionado pela política de cotas também é registrado pelo *Índice Folha de Equilíbrio Racial* (IFER), cujos indicadores apontaram que, entre 2014 e 2019, em 23 das 27 unidades da federação a proporção de pessoas negras com 30 anos ou mais com diploma universitário se aproximou de sua representação populacional. Segundo os cálculos realizados, o componente educacional apresentado pelo IFER deve atingir o patamar de equilíbrio dentro de 12 anos e de total equidade apenas daqui a 27 anos, isso se a velocidade de progresso da equidade racial no ensino superior for mantida.

É imprescindível analisar esses resultados tendo em conta o real objetivo do sistema de cotas. Defendemos aqui que a métrica ou critério de análise para fins de avaliação sobre a necessidade de renovação da política pública não é o número de pessoas negras matriculadas ou ingressas nos cursos universitários. É preciso perquirir sobre a quantidades de pessoas negras egressas, isto é, que efetivamente saíram das faculdades formadas e aptas a se inserirem no mercado de trabalho, o que reforça a necessidade de manutenção e aprimoramento das políticas de permanência,[63] notadamente de estudantes cotistas. Sem estas, muitas/os ingressas/

---

63. Dyane Reis (2007: 51) aponta a importância de estratégias formais – tais como programas de extensão, concessão de bolsas, incentivo à pesquisa e mudanças nos currículos – e informais – redes de solidariedade de amigos, parentes e comunidade – de permanência de jovens negras/os nas universidades.

os acabam por não conseguir suporte material, psicológico e financeiro para dar continuidade aos estudos e concluir com sucesso seus cursos de graduação.

Nos últimos anos, o processo de sucateamento das universidades públicas – notadamente de suas políticas de permanência – parece revelar o paulatino desinteresse das elites brasileiras por essas instituições, que, assim, *deixam de merecer* efetivo investimento público. Agora que, em virtude das ações afirmativas, não são mais exclusividade da branquitude, são substituídas pelas mais conceituadas universidades estrangeiras. Esse fenômeno, que se repete historicamente, configura-se como uma das facetas do elitismo racista que não suporta democratizar racialmente o ensino. Recordamos que – conforme evidenciamos no primeiro capítulo – processo muito semelhante se deu em relação à instrução pública no Brasil. Quando cessaram as restrições/proibições de acesso de pessoas negras às escolas públicas, não tardou para que as elites brancas migrassem para escolas privadas, gerando, algumas décadas depois, o declínio avassalador do ensino público brasileiro.

Ademais, embora sejam evidentes os avanços alcançados nesses 20 anos da política de cotas raciais, a sub-representação da população negra nos mais altos níveis de ensino ainda é um fator persistente na realidade brasileira, situação que é mais evidente quando se trata dos cursos de graduação tidos como de maior prestígio – como Medicina, Direito e Engenharia – e dos cursos de pós-graduação.[64]

Quanto ao cenário legislativo em torno da política de cotas nas instituições de educação superior, o Observatório do Legislativo Brasileiro – em parceria com o Grupo de Estudos Multidisciplinares da Ação Afirmativa (GEMAA) da Universidade Estadual do Rio de Janeiro (UERJ) – divulgou, em dezembro de 2021, um panorama analítico. Segundo o estudo, na atual legislatura, foram apresentadas na Câmara dos Deputados 19 proposições sobre a lei de cotas, sendo nove favoráveis, sete contrárias e três neutras, revelando uma polarização entre as perspectivas de revisão da legislação.

A disputa, que se concentra na manutenção ou não do critério racial, parece se inclinar pela aprovação de prorrogação do atual marco legal, sendo que, até a publicação desta obra, não havia previsão de conclusão da tramitação dos projetos de lei em andamento no

---

64. Não há na legislação brasileira lei que estabeleça a obrigatoriedade de cotas raciais nos cursos de pós-graduação. Portanto, aquelas instituições de ensino superior públicas que adotaram tal ação afirmativa o fizeram de modo não compulsório – o que não quer dizer que não tenha havido pressão por parte dos movimentos negros, como foi o caso da implementação das cotas raciais nos cursos de pós-graduação da UFBA, impulsionada a partir de debates e pleitos apresentados pelo Coletivo Luiza Bairros. Das 108 universidades públicas, apenas 29 regulamentaram cotas na pós-graduação (GELEDÉS, 2021).

Congresso Nacional,[65] o que merece acompanhamento atento dos movimentos negros e outros órgãos e entidades que defendem a continuidade da política pública.

Não há dúvidas, portanto, de que a política de cotas tem promovido uma efetiva e qualificada democratização do ensino superior no país, havendo fundamentos sociais, políticos e jurídicos mais do que suficientes para defender a imprescindibilidade de sua manutenção e aprimoramento por parte do Poder Legislativo. Além disso, as cotas raciais agora são explicitamente constitucionais, conforme veremos mais adiante.

Assim, enquanto não sobrevém legislação tratando do tema, o sistema de cotas raciais não tem prazo previsto para expirar, mantendo-se vigente a Lei nº 12.711/2012.

---

65. O principal grupo de propostas tramita na Câmara dos Deputados, consistindo no PL nº 5.384/2020 e seus apensos (PL nº 3.422/2021 e PL nº 433/2022). O PL nº 5.384/2020 objetiva tornar permanente a reserva de vagas nas universidades federais e nas instituições federais de ensino técnico de nível médio para os estudantes de escolas públicas e para estudantes pretos, pardos, indígenas e com deficiência, além de assegurar-lhes o serviço de assistência estudantil. O debate em torno desta proposta diz respeito à sua constitucionalidade após a aprovação da Convenção Interamericana contra o Racismo, que afirma explicitamente a temporalidade das ações afirmativas (artigo 5º). Também tramita na Câmara dos Deputados o PL nº 1.788/2021, que transfere para 2042 a revisão da política de cotas prevista na Lei nº 12.711/2012. Por fim, mencione-se, ainda, o PL nº 4.656/2020, em andamento no Senado Federal, que propõe a continuidade do sistema de costas e a revisão do programa especial a cada dez anos, além de sua aplicação às instituições privadas de ensino superior.

2.4. COTAS RACIAIS NOS CONCURSOS PÚBLICOS

Além da previsão legal de (sub)cotas raciais para ingresso no ensino superior, as ações afirmativas raciais se consolidaram também nos concursos públicos, a partir da Lei nº 12.990, de 9 de junho de 2014. Esta reserva para candidatas/os negras/os 20% das vagas oferecidas nos concursos públicos para provimento de cargos efetivos e empregos públicos no âmbito da administração pública federal, das autarquias, das fundações públicas, das empresas públicas e das sociedades de economia mista controladas pela União.

Tendo em vista que a Lei nº 12.990/2014 se aplica apenas na esfera federal, alguns estados e municípios da federação estabeleceram regime próprio de cotas para seus concursos públicos, a exemplo do estado da Bahia, que, com a Lei nº 13.182, de 6 de junho de 2014 (Estatuto da Igualdade Racial e de Combate à Intolerância Religiosa), instituiu a reserva de, no mínimo, 30% das vagas a serem oferecidas nos concursos públicos e processos seletivos para provimento de pessoal no âmbito da Administração Pública Direta e Indireta Estadual, para a população negra.

A primeira diferença fundamental que podemos apontar entre o regime do sistema de cotas estabelecido pela Lei nº 12.711/2012 (nas universidades) e aquele instituído pela Lei nº 12.990/2014 é que neste se trata efetivamente de cotas raciais e não de meras subcotas.

Ou seja, não há qualquer critério socioeconômico combinado com a pertença étnico-racial, bastando que a/o candidata/o seja negra/o (preta/o ou parda/o).[66]

Outra distinção digna de nota é que o percentual de reserva de vagas para pessoas negras nas instituições federais de ensino superior é, como vimos, variável conforme a composição étnico-racial do estado em que se encontra sediada a unidade. Já no que tange às vagas reservadas para candidatas/os negras/os nos concursos públicos, o percentual é fixo e preestabelecido pela lei: 20% do total das vagas oferecidas. De modo semelhante à Lei nº 12.711/2012, poderia o legislador ter instituído a reserva de 20% como patamar mínimo,[67] determinando que o ente público ampliasse a porcentagem conforme a proporção de pretas/os e pardas/os na unidade da federação de sua sede. Assim,

---

66. A questão da autodeclaração racial e sua validação por comissões de heteroidentificação será abordada no terceiro e último capítulo.

67. A exemplo do formato estabelecido pela Resolução nº 203, de 2015, do Conselho Nacional de Justiça, que reserva, no mínimo, 20% das vagas oferecidas nos concursos públicos para provimento de cargos efetivos nos órgãos do Poder Judiciário, incluindo o cargo de magistrado. De modo semelhante, a Resolução nº 170/2017, do Conselho Nacional do Ministério Público, estabelece reserva para negras/os de, no mínimo, 20% das vagas nos concursos públicos para provimento de cargos do Conselho Nacional do Ministério Público e do Ministério Público brasileiro, bem como para ingresso na carreira de membros do Ministério Público da União – que compreende o Ministério Público Federal, o Ministério Público do Trabalho, o Ministério Público Militar, o Ministério Público do Distrito Federal e Territórios – e dos Ministérios Públicos dos Estados.

seriam evitadas distorções entre os estados em termos de proporcionalidade da política pública. Em outras palavras, o percentual de 20% pode até ser razoável para estados em que a representação negra na população é diminuta, a exemplo do Rio Grande do Sul ou Santa Catarina. Mas não em estados cuja população negra é majoritária, como é o caso da Bahia.

É importante destacar, ainda, que – diferentemente da Lei nº 12.711/2012, a lei de cotas para concursos públicos, conforme estabelece o seu artigo 6º, perderá automaticamente sua vigência 10 anos após a data de sua publicação. Isso quer dizer que, se até 9 de junho de 2024 não sobrevier nova lei que garanta a continuidade da política pública, as cotas raciais para concursos públicos federais serão extintas.

No caso das ações afirmativas nas universidades, passados 20 anos desde o início de sua aplicação, seus resultados demonstram que já se encontra em curso um incipiente processo de democratização do espaço acadêmico. Ainda assim, defendemos a continuidade e aperfeiçoamento da política pública, cuja consolidação deve alcançar níveis capazes de diluir a hierarquização racial na esfera educacional. Quanto às ações afirmativas nos concursos públicos, sua implementação está longe de produzir os efeitos concretos previstos, razão pela qual temos apontado a existência, em determinadas esferas, de um verdadeiro *simulacro de cotas raciais*, assunto que será retomado logo adiante. Nessa perspectiva, teremos graves prejuízos à construção de justiça racial, caso não haja a prorrogação do sistema de cotas nos concursos públicos.

ADC 41 e a constitucionalidade das cotas raciais nos concursos públicos

A respeito das cotas raciais nos concursos públicos, a jurisprudência também se mostrou oscilante, até o julgamento, em 2017, da Ação Declaratória de Constitucionalidade (ADC) nº 41 pelo Supremo Tribunal Federal (STF).

Em 26 de janeiro de 2016 – justamente com o intuito de firmar a constitucionalidade da Lei nº 12.990, de 2014, dirimindo as divergências acerca da sua aplicação –, o Conselho Federal da Ordem dos Advogados do Brasil (OAB) ajuizou a ADC nº 41, perante o STF. Na petição inicial, a OAB defendeu a conformidade da referida Lei com o princípio da igualdade material e com os preceitos fundamentais da Constituição Federal, da Convenção Internacional sobre a Eliminação de Todas as Formas de Discriminação Racial e do Estatuto da Igualdade Racial. Argumentou que a Lei foi promulgada com o objetivo de proporcionar maior representatividade dos negros no serviço público federal, tendo em vista que a discriminação racial não opera apenas no campo da educação, mas também na esfera do trabalho.

Em seu voto, o relator Luís Roberto Barroso pontuou que a lei de cotas cria uma vantagem competitiva para um grupo de pessoas sem, no entanto, violar o princípio constitucional da igualdade, uma vez que a diferenciação instituída é motivada por um dever de reparação histórica decorrente da escravidão e do racismo estrutural existente na sociedade brasileira. Argumentou, ainda, que a Lei não viola a regra do concurso público, pois para serem investidos nos cargos públicos os candidatos precisam ser aprovados, com o desempenho mínimo exigido. Para o ministro, o que as cotas raciais estabelecem é a criação de dois critérios distintos para preenchimento de vagas – com previsão de *duas filas diversas* –, sem renunciar ao critério mínimo de suficiência.

O julgamento foi concluído no dia 08 de junho de 2017, ocasião em que o STF julgou procedente o pedido da ADC nº 41, para reconhecer, por unanimidade, a integral constitucionalidade da Lei nº 12.990/2014, afirmando, ainda, a legitimidade de critérios subsidiários de heteroidentificação racial das/os candidatas/os cotistas, desde que respeitada a dignidade da pessoa humana e garantidos o contraditório e a ampla defesa.

Quanto à extensão das cotas raciais em concursos públicos instituída pela Lei nº 12.990, de 2014, a Corte definiu a sua obrigatoriedade limitada à esfera federal, de modo a fixar a autonomia dos demais entes federados em torno da questão. A decisão, portanto, permite que cada Estado, Município e o Distrito Federal disponham autonomamente sobre a adoção de reserva de vagas para candidatas/os negras/os nos seus concursos públicos. O entendimento do STF é positivo ao autorizar que os demais entes federados adaptem as cotas raciais no serviço público à sua própria realidade, até mesmo no que se refere à proporcionalidade entre o percentual de vagas reservadas e a representatividade do grupo étnico-racial na população local. Entretanto, a não extensão da lei aos demais entes da Federação – deixando ao arbítrio destes a implementação do direito à promoção da igualdade racial da população negra – pode gerar distorções, aprofundando as desigualdades regionais no país, em descompasso com o que preconiza a própria Constituição Federal, no seu artigo 3º, inciso III.

A decisão afirmou também não haver incompatibilidade entre medidas afirmativas e o princípio do mérito que, embora mitigado, não é afastado pelas cotas raciais. Com efeito, afirma-se na decisão que a lei não viola os princípios do concurso público e da eficiência, uma vez que o candidato beneficiário do sistema de cotas deve também atingir pontuação mínima para que seja considerado apto a exercer, de forma adequada e eficiente, o cargo para o qual concorreu. Para o Tribunal, a inclusão das cotas raciais nos concursos públicos, ao invés de minar o princípio da eficiência, reforça-o, ao garantir que o serviço público e as tomadas de decisões estatais reflitam os pontos de vista e interesses de toda a população.

A Corte também avaliou a medida legal à luz do princípio da proporcionalidade, afirmando que as cotas raciais para acesso ao ensino superior não resultam na desnecessidade ou desproporcionalidade das cotas no serviço público, já que há outros fatores que afetam a igualdade racial nos concursos públicos em desfavor das pessoas negras [*veja anexo 5, na pág. 213*].

Deve-se registrar a importância do reconhecimento pela mais alta Corte jurisdicional do país da persistência do racismo estrutural e institucional na sociedade brasileira, enquanto fundamento para a adoção de meios mais equitativos de distribuição de bens sociais, para concretização da igualdade material. No entanto, o mesmo argumento poderia ter sido utilizado para afirmar não apenas a compatibilidade das ações afirmativas raciais com a Constituição, mas também a sua decorrência lógica, na condição mesmo de mandamento constitucional.

Fragmentação de vagas e o simulacro das cotas raciais

Vimos que, além de declarar a constitucionalidade das cotas raciais nos concursos públicos, a decisão do Supremo Tribunal Federal na ADC nº 41 estabelece determinados parâmetros quanto à aplicação da ação afirmativa, inclusive no que diz respeito ao chamado fracionamento de vagas. A preocupação da Corte não é em vão. O artigo 1º, § 1º, da Lei nº 12.990/2014, estabelece que "a reserva de vagas será aplicada sempre que o número inteiro de vagas oferecidas no concurso público for igual ou superior a 3 (três)". Assim, nos concursos em que as vagas oferecidas não chegarem a três, na prática não haverá reserva de vagas para candidatas/os cotistas.

Ocorre que, tradicionalmente, as universidades públicas brasileiras – seja no âmbito federal ou estadual –, em seus editais de concursos para docentes, costumam oferecer as vagas fracionadas por especialização. Em poucas palavras, há uma fragmentação ou departamentalização das vagas oferecidas. Exemplificando: abre-se vaga para professor/a da disciplina Direito Constitucional do Departamento de Direito Público de determinada universidade. O resultado é que raramente se acumulam mais de duas vagas especializadas para permitir, conforme determina a lei, que uma delas seja reservada para candidatas/os negras/os. Logo, ainda que o edital, em termos formais, esteja em consonância com a legislação pertinente, prevendo normas relativas às cotas raciais, o modo como se dá o oferecimento destas vagas acaba por tornar a ação afirmativa letra morta. Temos, então, um verdadeiro simulacro de cotas raciais, na medida em que as instituições terminam por simular o cumprimento da lei, ao estabelecerem reserva de vagas apenas no edital, sem que nenhuma vaga – ou um número muito inferior ao que deveria – seja efetivamente oferecida pelo sistema de cotas.

O caso das universidades públicas baianas, ocorrido no primeiro semestre de 2022, pode nos ajudar a compreender melhor o problema, descortinando de que modo o racismo institucional[68] se manifesta, muitas vezes emperrando a concretização das ações afirmativas voltadas para a promoção da igualdade racial. O estado da Bahia possui quatro universidades públicas – a Universidade do Estado da Bahia (UNEB), a Universidade Estadual de Feira de Santana (UEFS), a Universidade Estadual de Santa Cruz (UESC) e a Universidade Estadual do Sudoeste da Bahia (UESB) – que não realizavam amplos concursos para docentes há cerca de dez anos. Portanto, os últimos concursos ocorreram antes da Lei nº 13.182/2014 (Estatuto da Igualdade Racial e de Combate à Intolerância Religiosa), que estabelece reserva de 30% das vagas para candidatas/os negras/os. Em abril de 2022, foram anunciadas 286 vagas para professores de universidades estaduais, tendo cada uma das instituições publicado seus editais para seleção dos docentes. Ocorre que,

---

68. Stockely Carmichael e Charles V. Hamilton (1967: 16) associam o racismo institucional à operação ativa e estruturante de atitudes e práticas antinegras que não podem ser reduzidas a atos de indivíduos. Para os autores, essa manifestação do racismo tem origem num modelo colonial interno capaz de manter a iniquidade racial, a exploração político-econômica e o isolamento social da população negra.

embora nos editais constasse a reserva de vagas para negras/os, nos termos da legislação vigente, na prática, das 286 vagas nenhuma era destinada a candidatas/os cotistas, justamente em virtude da departamentalização das vagas oferecidas.

Diante disso, a Promotoria de Justiça de Combate ao Racismo e à Intolerância Religiosa do Ministério Público do Estado da Bahia[69] instaurou procedimento, no curso do qual foram realizadas reuniões – envolvendo representantes dos movimentos negros, discentes, docentes, reitores e reitora – e expedidas duas recomendações para cumprimento por parte das quatro universidades estaduais. Nas recomendações, argumentamos que as universidades estaduais da Bahia adotaram um método de seleção com fracionamento de vagas por departamento, o que ocasiona restrição ilegal do número de vagas reservadas para candidatas/os negras/os, desconsiderando a totalidade de vagas previstas nos respectivos editais. Nesse sentido – levando em conta que as normas pertinentes fixam o percentual de vagas reservadas nos concursos públicos por cargo e não por disciplina a ser ministrada ou por localidade –, recomendamos que as instituições de ensino superior observassem como base de cálculo para o sistema de cotas a totalidade das vagas oferecidas no edital, durante todo

---

69. Promotoria na qual a autora deste livro atua desde 2015.

o período de validade do certame. Por fim, recomendamos, ainda, a adoção do método da listagem geral de aprovadas/os pelo sistema de cotas, independentemente da especialidade, de modo a evitar distorções e fazer cessar o descumprimento da política pública vigente. Após a expedição da recomendação, as universidades fizeram os ajustes necessários para reservar o percentual determinado por lei com base no total de vagas oferecidas no certame, indicando expressamente o número de vagas destinadas ao sistema de cotas.

Compreendida a ilegalidade da adoção do fracionamento de vagas para fins de cômputo das vagas a serem reservadas para cotistas, outro problema merece destaque e solução: o passivo de vagas não oferecidas/ preenchidas em decorrência do descumprimento da lei. Quantas vagas, desde o início da vigência da Lei nº 12.990/2014, deixaram de ser reservadas para docentes negras/os pelas universidades públicas por conta do chamado fracionamento? Quais as providências a serem adotadas, levando em consideração o prejuízo para a consecução de tão importante ação afirmativa de democratização do espaço acadêmico?

Defendemos aqui que, com fundamento no mesmo princípio da autonomia universitária que justificou a implementação do sistema de cotas antes da promulgação da lei, as universidades podem – e devem – sanar esse passivo. Para tanto, é preciso perquirir quantas vagas para professoras/es universitárias/os negras/os deveriam ter sido oferecidas desde que a instituição adotou o sistema de cotas e quantas efetivamente foram oferecidas em seus editais. Assim, se uma determinada instituição federal de ensino superior nomeou 100 professoras/es desde o início da implementação das cotas raciais, pelo menos 20 destas/es[70] deveriam ter sido nomeadas/os pelo sistema de cotas. Caso esse número seja inferior, a diferença deve ser corrigida. Com esse propósito, é possível inclusive que futuros editais prevejam percentuais de reserva de vagas maiores do que aquele previsto na lei, até que a instituição alcance o número de docentes negras/os que já deveria possuir em seus quadros caso tivesse cumprido corretamente a determinação legal.

Outra possibilidade, na hipótese de as instituições de ensino não adotarem voluntariamente as providências para sanar o passivo de vagas, é a provocação dos órgãos de fiscalização e controle – como o Ministério Público – que poderão expedir recomendações, assinar termos de ajuste de conduta ou mesmo ajuizar as ações pertinentes para garantir que essa *dívida institucional* seja *quitada*.

---

70. Levando em consideração a legislação federal e lembrando que as universidades estaduais podem ter percentuais diferentes, de acordo com as leis de cada estado.

2.5. COTAS, SIM! ARGUMENTANDO EM DEFESA DAS COTAS RACIAIS

No último tópico deste capítulo, achamos relevante trazer alguns dos principais argumentos em defesa das cotas raciais, partindo justamente das críticas mais usuais contra essas ações afirmativas. Pretendemos, com isso, não apenas convencer as pessoas da importância dessa política pública, mas, sobretudo, qualificar o debate sobre as cotas raciais que, muitas vezes tem permanecido na superficialidade, com opiniões e argumentos rasos e infundados.

Uma das teses mais elementares utilizadas para refutar as medidas positivas de igualdade racial baseia-se na inexistência de raças humanas. O racismo científico, por longo período – particularmente entre a segunda metade do século 19 e a primeira metade do século 20 –, pretendeu demonstrar cientificamente a existência de raças humanas, sustentando a hierarquização destas. Apesar de, atualmente, o argumento (inexistência científica de raças humanas) ser utilizado para afastar a relevância jurídica da questão racial, o fato é que a raça permanece – enquanto fenômeno social e historicamente construído – como fator condicionante das relações sociais e do acesso a direitos fundamentais.

A alegação de inexistência biológica de raças humanas – ou o simples antirracialismo biologicamente estabelecido – não se constitui como apto para afastar os efeitos do racismo, que continua moldando as relações sociais de modo subalternizante para determinados grupos raciais. Nessa perspectiva, afirmar que cientificamente não há relação de superioridade/inferioridade racial entre seres humanos não impede que as sociedades permaneçam hierarquicamente racializadas a partir de construções sociais racialmente estigmatizantes.[71] Portanto, enquanto a raça operar como fator que interfere na distribuição de bens, direitos, status e poder, o Estado deve continuar a considerá-la para fins protetivos e promocionais dos direitos dos grupos raciais vulnerabilizados.[72]

Outra afirmação que se opõe às ações afirmativas raciais é a de que sua implementação instituiria a racialização das sociedades, consolidando construções sociais injustas. Ora, atribuir a divisão racial das sociedades à adoção de medidas positivas é um argumento maniqueísta que termina por manipular sentidos no afã de manter os privilégios do grupo racial hegemônico. A racialização social – que, no Brasil, pode ser constatada por meio de dados estatísticos oficiais – não é provocada pelas ações afirmativas. Pelo contrário, tais políticas

---

71. Para Daniela Ikawa (2008: 106), "se a raça foi utilizada para construir hierarquias, deverá também ser utilizada para desconstruí-las".

72. Antonio Sérgio Alfredo Guimarães (2009: 50-51) afirma que "a ideia de raça apenas pode ser dispensada no mundo social quando as hierarquias sociais não mais corresponderem a marcadores raciais".

públicas são justamente o mecanismo jurídico-político capaz de desconstruir a racialização imposta social e historicamente.

Afirma-se também que as ações afirmativas provocariam o acirramento do ódio inter-racial, promovendo a intolerância e violência entre grupos raciais socialmente privilegiados e grupos raciais subalternizados.[73] Entretanto, trata-se, *a priori*, de mera suposição que não deve servir de fundamento para a omissão do poder público perante as iniquidades étnico-raciais constatadas até mesmo estatisticamente. Esses argumentos podem ser analisados a partir de testes empíricos demonstrativos de conflitos raciais ou, ao menos, de violência material e simbólica fundadas na raça.[74] Especificamente em relação à política de cotas raciais para o ingresso de estudantes negras/os nas universidades públicas brasileiras, estudos concluem que se tratou de conjectura apresentada por opositoras/es do sistema de cotas que, mesmo 20 anos após sua implementação, não se concretizou (SANTOS; FREITAS, 2021).

---

73. Thomas Sowell (2016: 32), defende que as ações afirmativas causam "ressentimentos intergrupos".

74. João Feres Júnior (2010: 171), analisando a realidade brasileira, aponta como variáveis passíveis de demonstração de conflito racial: a desigualdade econômica, a segregação espacial, bem como a proporção de brancos e não brancos assassinados, vítimas de violência policial. O autor sugere, ainda, outra forma de investigação da questão: a pesquisa de notícias de conflitos raciais veiculadas na grande mídia, comparando-se períodos anterior e posterior à adoção de ações afirmativas.

Alega-se ainda, para refutar a adoção de ações afirmativas raciais, que a marginalização social de grupos raciais vulnerabilizados se deve não ao racismo e à discriminação racial, mas à desigualdade econômica. Esse argumento – um dos mais comuns utilizados por aqueles que se contrapõem às medidas positivas raciais no Brasil – pode ser afastado a partir da análise de indicadores nos quais o fator racial é considerado. Com efeito, dados estatísticos constatam a persistência da desigualdade racial, apesar das *políticas universalistas* de inclusão social.

No âmbito da educação superior, um estudo realizado pelos economistas Renato Vieira e Mary Arends-Kuenning analisou, entre os anos de 2004 e 2013, as mudanças no perfil étnico-racial e socioeconômico de alunas/os de 48 universidades federais brasileiras a partir da implementação do sistema de cotas pela Lei nº 12.711/2012. Cotejando os dados das universidades que adotavam critérios étnico-raciais e sociais em suas políticas de ação afirmativas com os das instituições que aplicavam apenas o critério social, a análise indicou que houve um incremento de cerca de 20% da presença de estudantes negras/os naquelas, mas apenas de 1% nestas últimas (VIEIRA; ARENDS-KUENNING, 2018).

Assim, embora também sejam relevantes do ponto de vista da ampliação do acesso a direitos, especialmente os de cunho social, as medidas de caráter socioeconômico não garantem que haja a reversão da hierarquização ou polarização racial da sociedade. Diante disso, a proposta de afastamento de *critérios raciais explícitos* – para apenas por via indireta se alcançarem os resultados pretendidos –, constitui uma espécie de *recomendação hipócrita*.[75] Ou seja, autorizar programas de inclusão racial disfarçados em critérios racialmente neutros representa uma dissimulação dos objetivos das ações afirmativas que em nada contribui para a consolidação de justiça distributiva, por meio da concretização do direito à promoção da igualdade racial.

Ademais, é improvável que medidas racialmente neutras logrem êxito em produzir a efetiva inclusão racial como mero efeito colateral, notadamente quando se considera o histórico secular de racismo e discriminação racial que, fecundado pelo escravismo e solidificado pelo colonialismo e reproduzido a partir das colonialidades, preservam-se até os dias atuais. Dito de modo sintético, uma coisa é fazer combater a prática de discriminação racial explícita, outra, muito mais complexa, é reverter os efeitos da discriminação passada

---

75. Ronald Dworkin (2005a: 441), menciona que o Tribunal da Califórnia, ao aprovar a reivindicação do autor no caso Bakke, recomendou que a universidade perseguisse o objetivo de inclusão de estudantes negras/os no seu corpo discente por meio de outros métodos, que não considerassem a raça de maneira explícita. Carl Cohen (2003: 33) – crítico das ações afirmativas raciais – assevera que, diferentemente das agências federais, nos Estados Unidos, as universidades costumam aplicar tais medidas de maneira informal e sub-reptícia, carecendo de franqueza quanto à preferência racial das/os candidatas/os.

(STERBA, 2003: 202). Essa última missão é alcançável a partir de medidas afirmativas raciais.

Uma das alegações utilizadas em contraposição especificamente às cotas raciais para acesso às universidades é o suposto declínio da qualidade do ensino nessas instituições. Supõe-se, a partir do argumento da redução dos padrões intelectuais exigidos pelas instituições (COHEN, 2003: 131), que, ao flexibilizar a seleção meritocrática, as ações afirmativas permitiriam o acesso de pessoas insuficientemente qualificadas nos quadros discente e docente, reduzindo o nível educacional. Embora reconheçamos as limitações das medições quantitativas de desempenho[76] – que, de certo modo, seguem os padrões meritocráticos conservadores, a despeito de outras tantas possibilidades de análise de potencialidades –, inúmeras pesquisas demonstram que, mais uma vez, trata-se de mera suposição infundada.[77]

---

76. "Interessante observar que, ainda que evidenciado o desempenho acadêmico mais promissor de estudantes cotistas, negros e de escolas públicas, tais avaliações de desempenho correm o risco de insistir em julgamentos essencializados. Ao tomar os desempenhos acadêmicos, de negros ou brancos, de ricos ou pobres, de moradores do sudeste ou do nordeste, como medidas de capacidade intelectual dos estudantes (compreendidas como essências cognitivas), algumas análises perdem uma grande oportunidade de compreender tais desempenhos acadêmicos como processo social e historicamente construído." (JESUS, 2019: 22-23).

77. Apenas para citar algumas: (SANTOS; QUEIROZ, 2007), (VELLOSO, 2009), (GALHARDO *et al*, 2020), (CENTRO DE ESTUDOS SOCIEDADE, UNIVERSIDADE E CIÊNCIA, 2021).

Aproximando-se dessa linha de argumentação contrária, aponta-se também como consequência prática das cotas raciais a estigmatização de todos os membros do grupo racial destinatário, considerando-os inferiores em relação aos membros do grupo dominante (COHEN, 2003: 110), independentemente de seus méritos e desempenho pessoal. Teríamos, então, como efeito a perpetuação da ideia de inferioridade das pessoas negras, dificultando a efetiva integração social destas.

A suspeita levantada precisa considerar os efeitos estigmatizantes internos e externos,[78] observando sua plausibilidade e extensão tanto em meio ao grupo beneficiário quanto no âmbito do grupo dominante. Não negamos que possa haver discriminação contra beneficiários de medidas afirmativas raciais, nos espaços em que são aplicadas. Mas a imputação de baixa capacidade intelectual ou comportamental a grupos raciais específicos é manifestação do próprio racismo – que deve fundamentar a adoção de ações afirmativas – e não da aplicação de medidas de promoção da igualdade racial.

---

78. Com efeitos estigmatizantes internos quer-se referir à perspectiva dos próprios membros dos grupos raciais beneficiários, que podem se sentir inferiorizados com o estabelecimento de medidas afirmativas, independentemente da concreta reação dos membros dos demais grupos raciais, em especial, os hegemônicos. Por seu turno, os efeitos estigmatizantes externos dizem respeito ao ponto de vista dos grupos hegemônicos que podem atribuir a necessidade de ações afirmativas à inferior capacidade dos membros do grupo racial beneficiário.

Ademais, tal conclusão não pode se furtar à ponderação entre a suposição de inferiorização aventada e as vantagens efetivamente alcançadas – até mesmo para toda a sociedade – por meio da medida afirmativa. Ou seja, enquanto meio de promoção da igualdade racial, e, sobretudo, de combate ao racismo institucional, as ações afirmativas raciais reforçam a ideia de subalternidade racial? Ou, ao contrário, reconhecendo que a conservação dessa concepção – ainda que velada – continua condicionando racialmente o acesso a direitos fundamentais, procura revertê-la? As vantagens para o grupo beneficiário e para toda a sociedade – que tenderá a se tornar racialmente mais justa – possuem mais relevância do que as suposições de aumento da estigmatização?

Coloca-se em questão, ainda, a delimitação dos beneficiários das ações afirmativas raciais, apontando-se, de um lado, o caráter demasiadamente inclusivo das políticas correspondentes (COHEN, 2003: 27). Isso porque, ao promover a (re)distribuição com base na pertença racial, tais medidas podem, na prática, beneficiar pessoas que não sofreram danos efetivos com a discriminação racial. Sob essa perspectiva, a ação afirmativa pressuporia que todos os membros do grupo racial destinatário tenham sofrido ou sofram danos decorrentes da discriminação racista. Ocorre que os prejuízos da discriminação racial devem ser mensurados não apenas individualmente, a partir de ocorrências de violação do direito à não discriminação racial. Há diversas formas de manifestação do racismo – não apenas as diretas e explícitas – que alimentam o *estigma inferiorizante* de determinados grupos raciais, incutindo-o no imaginário coletivo. As desigualdades raciais não são resultado apenas de ações individuais, mas são robustecidas e perpetuadas a partir de reproduções sistêmicas e estruturais que operam abstraindo-se do indivíduo, na forma de *racismo institucional*.

Desse modo, essa perpetuação da hierarquização racial nas sociedades – de muito mais difícil combate do que manifestações individuais e explícitas de discriminação racial – causa danos coletivos e difusos a todos os membros do grupo estigmatizado, em menor ou maior grau, com impactos diretos ou indiretos. As ações afirmativas funcionam como mecanismos de caráter preventivo – que buscam evitar a futura restrição de direitos de indivíduos pertencentes à raça em desvantagem –, mas também corretivo dos danos coletivos causados pela perpetuação do racismo.

Além disso, as ações afirmativas têm como destinatários todos os membros do coletivo, independentemente das circunstâncias concretas vivenciadas pelo indivíduo que, na prática, venha a ser contemplado. No caso das cotas raciais, a titularidade do direito à reserva de vagas pode ser atribuída a cada indivíduo em função da sua pertença ao grupo racial vulnerabilizado. Nessa perspectiva, trata-se de direito individual, cujo exercício pode ser vislumbrado também coletivamente.[79]

No que tange às críticas de natureza jurídica, pode-se dizer que a principal objeção que se aponta contra as ações afirmativas raciais diz respeito à violação do próprio princípio constitucional da igualdade. Sob essa perspectiva, a raça não serviria de justificativa para o tratamento desigual na esfera pública, pois consistiria em conceder vantagens especiais com base em características físicas irrelevantes.[80] Para além do que já foi dito sobre os fundamentos das cotas raciais, é relevante para a não excepcionalidade dessas medidas no que tange à consideração do indivíduo a partir de sua condição de membro de grupo específico. Diversas normas jurídicas são aplicadas tendo em conta categorias de pessoas, como nacionais de um

---

79. As características e experiências individuais são pouco relevantes para a instituição de tais políticas públicas, já que estas levam em conta a situação de vulnerabilidade do grupo racial como um todo. Assim, a implementação de medidas positivas tem como foco mais a igualação dos coletivos raciais tradicionalmente em situação de disparidade do que a equiparação dos cidadãos individualmente considerados, muito embora esta seja também consequência direta daquela. Por conseguinte, o pleito por políticas públicas de promoção da igualdade racial, diante da inércia do poder público, deve ser formulado em prol da coletividade, do grupo racial.

80. Segundo Carl Cohen (2003: 24), o princípio da igualdade representa uma verdade moral, associada à igual dignidade de todos os seres humanos e que lhes garante igual respeito da comunidade e das leis. Desse modo, a raça, enquanto mero acidente de nascimento, não teria peso moral. A partir desses fundamentos, o autor considera as ações afirmativas verdadeiras preferências raciais.

país ou indivíduos de determinada faixa etária, analisando os ditos méritos individuais no âmbito do grupo estabelecido. Sob essa ótica, a *categorização dos sujeitos* é prática inerente à ordem jurídico-legislativa.

Alertamos, ainda, que as ações afirmativas não expressam manifestação de discriminação inversa, no sentido subalternizante de estratificação racial. Já se elucidou que o racismo e a discriminação racial que o materializa se fundam na concepção de superioridade/ inferioridade das raças, determinando as relações de poder nas sociedades. Em sentido oposto, as ações afirmativas não buscam inverter a dicotomização racial das sociedades por meio da inferiorização dos grupos raciais privilegiados.[81] Objetivam justamente alcançar equilíbrio racial, rompendo com a ideia de sobreposição de raças.

Por fim, como último argumento contrário a ser aqui problematizado, pontuamos a tese – inclusive apresentada na petição inicial da ADPF nº 186 – segundo a qual as cotas raciais imputam culpa às novas gerações de pessoas brancas pelos erros cometidos por

---

81. Para Carl Cohen (2003: 27), no entanto, o uso discriminatório de classificações raciais (pelas ações afirmativas) não é menos injusto quando direcionado a brancos do que quando atingiu os negros. Em sentido oposto, James P. Sterba, (2003: 224), entende que os efeitos da classificação racial na ação afirmativa são inteiramente diversos daqueles inerentes à discriminação racial tradicional. Para o autor, a ação afirmativa não estigmatiza brancos, nem visa ao aumento do poder, autoridade, oportunidade e riqueza de um grupo já dominante. Pelo contrário, as ações afirmativas resultam em distribuição mais igualitária dos bens sociais e econômicos.

seus antepassados. Ora, não se trata de culpa, mas de assunção de responsabilidade, a partir do reconhecimento dos privilégios da branquitude. Ainda que, juridicamente, não se possa falar de responsabilidade direta e imediata dos sujeitos pertencentes ao grupo racial hegemônico – quer pela discriminação racial passada, quer pela presente – não há dúvidas de que estes gozam de privilégios decorrentes da preservação da hierarquização racial da sociedade (STERBA, 2003: 266). A tais privilégios correspondem restrições aos membros de grupos raciais vulnerabilizados, realidade fática que justifica a distribuição de benefícios e prejuízos, fundada na ideia de responsabilidade coletiva, apenas compreensível a partir do reforço do princípio da solidariedade. A consideração exclusiva do *mérito individualista quantificado* representa um obstáculo à ideia de solidariedade social, porque cada um considera suas conquistas apenas como resultado de seus próprios méritos (SANDEL, 2016: 221), eximindo-se completamente de qualquer responsabilidade pelo destino dos demais membros da sociedade.

Nesse particular, Charles Mills (1997: 11) nos ensina que, embora nem todas as pessoas brancas tenham assinado do contrato racial, todas elas são beneficiadas por ele. Grada Kilomba, por sua vez, afirma que o sentimento de culpa do agressor é tão avassalador que ele se coloca no lugar de vítima, alegando racismo reverso. No entanto, o grupo racial que domina e oprime não pode, ao mesmo tempo, se colocar como vítima dessa opressão. Em termos simples: "o branco de hoje não é mais o responsável pela escravidão, mas ele tem a responsabilidade de equilibrar a sociedade em que vive. Ninguém escapa do passado" (KILOMBA, 2017).

Não poderíamos finalizar a defesa das cotas raciais no Brasil sem chamar atenção para uma conquista que, embora ainda esteja passando um tanto quanto desapercebida, parece-nos irrefutável: as cotas raciais agora são constitucionais! É que a aprovação da Convenção Interamericana contra o Racismo constitucionalizou as políticas afirmativas de promoção da igualdade racial no Brasil.

A Convenção Interamericana contra o Racismo, a Discriminação Racial e Formas Correlatas de Intolerância (CIRDRI) é resultado de iniciativa da delegação brasileira que, em 2005, em sua Missão Permanente junto à Organização dos Estados Americanos (OEA), apresentou o projeto para criação de um grupo de trabalho para sua elaboração.

Em 5 de junho de 2013, o Brasil firmou a Convenção, tendo o Congresso Nacional aprovado o documento por meio do Decreto Legislativo nº 1, de 18 de fevereiro de 2021, na forma do § 3º do artigo 5º da Constituição Federal.[82] Em seguida, houve ratificação da assinatura em 12/05/2021 e depósito do instrumento de ratificação

---

82. Apenas outros dois instrumentos jurídicos internacionais possuem esse status no Brasil: a Convenção sobre os Direitos das Pessoas com

em 28/05/2021. Assim, nos termos do artigo 20, n° 2, da CIRDRI, as disposições da Convenção entraram em vigor, na República Federativa do Brasil no trigésimo dia a partir do depósito, ou seja, 27/06/2021. Recordamos que a retomada da tramitação para a promulgação da Convenção só se deu em dezembro de 2020, após provocação da Comissão de Juristas Negros e Negras da Câmara dos Deputados – criada como reação ao já mencionado assassinato de João Alberto Silveira Freitas, no dia 19 de novembro de 2020, em uma unidade do Supermercado Carrefour –, da qual a autora deste livro inclusive fez parte.

O modo de aprovação da Convenção Interamericana contra o Racismo lhe garante status de emenda constitucional,[83] o que significa dizer que as ações afirmativas de promoção da igualdade racial são compromissos internacionalmente assumidos pela Estado brasileiro e que fazem parte do texto da Constituição de 1988. Não apenas as ações afirmativas, mas também importantes concepções como racismo institucional, discriminação indireta e discriminação múltipla ou agravada se integraram à ordem constitucional brasileira.

Deficiência (2007) e o Tratado de Marraqueche para facilitar o acesso a obras publicadas a pessoas com deficiência visual (2013).

83. Por ter sido votada em dois turnos, com aprovação de pelo menos 3/5 dos integrantes da Câmara (308) e do Senado (49), a Convenção Interamericana contra o Racismo, a Discriminação Racial e Formas Correlatas de Intolerância adquiriu status de emenda constitucional, conforme as determinações da Constituição Federal, em seu art. 5°, § 3°.

Dessa maneira, as cotas raciais foram convertidas em mandamento constitucional categórico que não pode ser desconsiderado pelos poderes públicos, sob pena de incorrerem em inconstitucionalidade por omissão. Esse argumento, aliado àqueles anteriormente desenvolvidos, nos parece irrefutável em meio ao debate sobre a necessidade de continuidade do sistema de cotas nas instituições de ensino superior e nos concursos públicos.

Enfim, conforme já se defendeu neste estudo, as ações afirmativas constituem não apenas mecanismos de concretização da igualdade material, mas, sob outra perspectiva, operam como medidas capazes de expandir a autonomia de grupos historicamente vulnerabilizados. O rompimento de obstáculos para o acesso à educação superior possibilita a ampliação da autonomia da população negra e indígena que, com oportunidades para desenvolver suas potencialidades, tornam-se sujeitos ativos capazes não apenas de efetiva coparticipação nas decisões políticas da comunidade, mas também de autorrealização dos seus próprios projetos de vida. As ações afirmativas raciais se fixam, então, como instrumento de equalização de oportunidades alicerçadas no estímulo à diversidade e na promoção da igual participação no processo de democratização racial da sociedade, mas, sobretudo, na consecução de igual liberdade de escolha.

Por isso, repetimos, é sobre a nossa liberdade prometida e que apenas agora começa a ser cumprida.

COTA É ESMOLA!
"A GENTE QUER INTEIRO E NÃO PELA METADE!"

Contar pra amenizar o luto é o preço da luta
Ainda preciso gritar, mas quem me escuta?
O bicho-papão lá fora já não me assusta
Num país onde até dentro de casa a bala te busca

A vida é dura, mano, tanto bate até que frustra
A vida é dura, mano, tanto bate até que surta
A história conta quem apronta e não desconta a culpa
De quem nunca leva em conta o privilégio que desfruta
Legitimar a ódio é tapar o Sol com a lupa
Inútil como quem esconde lágrimas na chuva
Se a vitória é ficar vivo, isso é roleta-russa
Racismo estrutural não se resolve com desculpa
Tem que cortar pela raiz pra acabar com o fruto
Eles não mexe na raiz porque ela afeta o lucro
Eu queria falar de amor, mas sei que o tempo é curto
Então eis aqui meu lovesong, só que em estado bruto
A vida é dura, mano, tanto bate até que frustra
A vida é dura, mano, tanto bate até que surta
A história conta quem apronta e não desconta a culpa
De quem nunca leva em conta o privilégio que desfruta
(...)
Antes que a bala perdida me ache
(Quero ter a chance de me encontrar)
Antes que a bala perdida me ache
(...)
Abolição foi só um durex na vidraça

Com bilhete sem graça dizendo que a vida continua
E meritocracia é só uma farsa
Que te faz pensar que se a janela tá quebrada
A culpa é sua

"Antes que a bala perdida me ache", Cesar MC

A partir da cosmopercepção da circularidade que conecta o ontem, o hoje e o amanhã, retornando ao começo para prospectar um futuro próspero, ousamos dizer que "cota é esmola". Se no primeiro capítulo apresentamos fundamentos para afirmar que cota não é esmola – no sentido de que não se trata de benesse, mas de verdadeira dívida histórica ao povo negro –, agora subvertemos o que já foi até aqui compreendido e estabelecido. Não para negar, mas para revolucionar o que foi dito, fazendo emergir as diversas demandas e necessárias ações rumo à construção de efetiva justiça racial.

Nesse sentido, cota é, sim, esmola, porque não chega nem perto de pagar a dívida histórica que o Brasil tem com o povo negro e indígena. É um significativo passo em direção à democratização racial da sociedade brasileira, mas está longe de ser suficiente.

É nessa linha de entendimento que, neste terceiro capítulo, iremos nos concentrar nos principais desafios enfrentados para a concretização das ações afirmativas raciais, trazendo algumas propostas de ampliação e aprimoramento dessas medidas especiais de promoção da igualdade racial. Iniciaremos com importantes reflexões sobre os destinatários das cotas raciais e a necessidade de controle da política, ponto de tensão que tem sido utilizado para desqualificar o sistema de cotas raciais, desviando-o de seus objetivos a partir da prática de sucessivas fraudes contra a política pública. Trataremos, ainda, dos filtros raciais nos concursos públicos e de propostas de ações afirmativas na esfera eleitoral e nas instituições privadas para, enfim, apontar outras medidas, para além das cotas raciais, imprescindíveis para a retomada de um projeto de estado democrático, fundado numa justiça pluriversal.

3.1. AS COMISSÕES DE HETEROIDENTIFICAÇÃO E O NECESSÁRIO CONTROLE DA POLÍTICA PÚBLICA: OU SOBRE QUEM É NEGRO NO BRASIL

Como vimos, as cotas raciais para acesso ao ensino superior e aos concursos públicos são verdadeiros mandamentos constitucionais indispensáveis para a inclusão social da população negra no Brasil. Todavia, a concretização da justiça (re)distributiva impõe uma equalização de poder que abala as estruturas racializadas, desacomodando o *status quo* de hierarquização racial da sociedade; impondo a perda de privilégios (e não de direitos!) da branquitude. A reparação promovida pelo sistema de cotas raciais envolve, portanto, gradativa repartição de poder, o que não se dá sem a resistência de suas/seus detentoras/es.

Por isso, quando, pela primeira vez na história do Brasil, ser negra/o resulta no acesso a um direito formalmente reconhecido, o racismo se atualiza, performando novos modos de preservação do monopólio branco. É o que ocorre com o fenômeno que podemos denominar de afroconveniência[84] ou afro-oportunismo, isto é, uma espécie de *apropriação da identidade racial por mera conveniência*. Pessoas socialmente brancas, que nunca se identificaram como negras, passam a reivindicar uma *negritude de ocasião* com o intuito de usufruírem do direito às vagas reservadas em universidades e concursos públicos. Ao longo dos 20 anos de política pública – dez desde a primeira lei de cotas –, as reiteradas autodeclarações raciais falsas têm causado verdadeiro desvio de finalidade das políticas de ação afirmativa. Diante dessa realidade, as comissões de heteroidentificação – há muito instituídas no âmbito do sistema de cotas da UnB –, são um mecanismo fundamental para o controle da política pública, a fim de que esta alcance efetivamente o resultado a que se destina: o incremento da presença negra nos espaços de poder.

A principal questão que se coloca diz respeito à definição das pessoas destinatárias das cotas raciais como elemento indispensável para a eficácia dos mecanismos

---

84. Expressão cunhada por Samuel Vida (2006).

de controle. Já mencionamos que, conforme a legislação vigente, o sistema de cotas raciais consiste na reserva de percentual de vagas para pessoas negras (pretas ou pardas), segundo critérios adotados pelo IBGE. Mas, afinal, quem é – ou pode ser considerada/o – negra/o no Brasil?[85] As relações raciais estabelecidas na sociedade brasileira resultam na predominância do *preconceito racial de marca*.[86] Ou seja, aqui, o racismo e a discriminação racial têm por base construções sociais que classificam e marginalizam determinadas pessoas, em razão de suas características fenotípicas, associadas ao grupo étnico-racial a que pertencem, afetando os indivíduos em virtude de sua *aparência racial* e não de sua ascendência ou composição genética.

As experiências e características físicas de nossas/os ascendentes podem ser relevantes para a formação do nosso sentimento de pertença étnico-racial. No entanto, não são, de modo algum, determinantes para fins de implementação das cotas raciais. Em primeiro lugar, porque abririam espaço para a invocação ilimitada de uma ancestralidade – nem sempre comprovada – que esvaziaria o sentido da

---

85. Sobre o tema e o procedimento de heteroidentificação na Universidade Federal de Minas Gerais, ver a excelente contribuição de Rodrigo Ednilson de Jesus (2021).

86. Para Oracy Nogueira (2006: 290), o preconceito racial no Brasil é distinto daquele que se verifica nos Estados Unidos da América. Enquanto neste, basta uma gota de sangue para determinar a identidade racial do sujeito – de modo que, nessa hipótese, além das características fenotípicas, a origem é fator de acentuada relevância –, no Brasil, o que importa é a *imagem (negra)* que a pessoa "carrega".

própria política pública. É que, se todas/os, sob o pretexto da ampla miscigenação do povo brasileiro, se acharem no direito de invocar alguma proveniência negra para tal fim, o critério da ascendência resultará na aplicação indistinta das cotas raciais para todas as pessoas, esvaziando o sentido da política pública. Uma ação afirmativa que é para todas/os, não é para ninguém! E, com isso, perde completamente o seu escopo. Se pessoas socialmente brancas, simplesmente por possuírem ascendentes negros, independentemente do grau, acessarem as vagas reservadas, não teremos a ampliação da presença negra nos espaços de poder.

Além disso, nas realidades em que impera o preconceito racial de marca, o racismo opera a partir da imagem da própria pessoa, não sendo a aparência de suas/seus ascendentes determinante para que sofra ou deixe de sofrer discriminação racial. Quando nós, pessoas negras, somos abordadas pela polícia por sermos "suspeitas/os"; quando somos, cotidianamente, perseguidas/os em lojas de departamento e supermercados; quando somos confundidas/os em reconhecimentos fotográficos que, muitas vezes, resultam em condenações criminais; quando somos preteridas/os em vagas de emprego; pouco importa se temos ascendentes brancas/os.

Trocando em miúdos, se o racismo à brasileira, por suas peculiaridades, não dá chance às pessoas negras de recorrerem à sua ascendência branca para se livrarem do racismo, eventual ascendência negra também não pode justificar que pessoas brancas se beneficiem das cotas raciais, mesmo porque não as torna vulneráveis ao racismo. Dessa maneira, o critério a ser considerado no âmbito das ações afirmativas raciais é exclusivamente o fenótipo do próprio indivíduo que concorre às vagas reservadas. Se o fenótipo é o fator que, socialmente, determina o racismo, ele também deve ser o critério para a definição das/os destinatárias/os do sistema de cotas raciais (VAZ, 2018: 39).

Em conformidade com a legislação vigente, poderão concorrer às vagas reservadas a candidatas/os negras/os aquelas/es que se autodeclararem pretas/os ou pardas/os no ato da inscrição (artigo 2º da Lei nº 12.990/2014).[87] Portanto, à primeira vista, a autodeclaração seria condição suficiente para a inserção da/o candidata/o na lista de cotistas. Nada obstante, o parágrafo único do mesmo artigo prevê sanções em caso de falsidade da autodeclaração, embora não estabeleça mecanismos de controle.[88]

---

87. De modo semelhante, a Lei nº 12.711/2012 também explicita a autodeclaração como condição para concorrência pelas vagas reservadas a pessoas pretas e pardas.

88. A Portaria Normativa nº 4, de 6 de abril de 2018, da Secretaria de Gestão de Pessoas, do Ministério do Planejamento, Desenvolvimento e Gestão, regulamentou o procedimento de heteroidentificação complementar à autodeclaração das/os candidatas/os negras/os, para fins de preenchimento das vagas reservadas nos concursos públicos federais. A Portaria também tem servido de parâmetro para outros concursos (estaduais e municipais), inclusive para acesso ao ensino superior. De todo modo, é importante ressaltar que os editais de concursos devem prever explicitamente o procedimento de heteroidentificação e o critério fenotípico para validação das autodeclarações, a fim de evitar fraudes contra as cotas raciais.

Apesar da importância da autodeclaração racial, ela não é absoluta, pois, como qualquer outra forma de declaração, pode ser falsa. Para fins de identificação étnico-racial, a autodeclaração foi o critério historicamente reconhecido pelo movimento negro, com alicerce na valorização identitária da população negra, cujo processo de embranquecimento – promovido pelo Estado brasileiro e por vertentes da ciência, notadamente no final do século 19 e início do século 20 – teve como efeitos dos mais perversos a autorrejeição (SILVA, 2004: 36) e a negação de sua identidade negra. Entretanto, na época em que assim se posicionou o movimento negro, a autodeclaração racial era proferida em contexto desinteressado. Atualmente, essa realidade não mais persiste, uma vez que se autodeclarar negra/o pode resultar no reconhecimento de prerrogativas jurídico-políticas relevantes, inclusive no acesso a bens escassos, como vagas em universidades e concursos públicos.

Nessa perspectiva, a autodeclaração racial não goza de presunção absoluta de veracidade para fins de acesso às vagas reservadas pelas cotas raciais. Mesmo porque ela não adquire verdadeiro sentido nas relações sociorraciais se estiver completamente dissociada da percepção social sobre o sujeito que a profere. É que os obstáculos que se impõem em função da raça "dizem mais respeito a como as pessoas são percebidas e classificadas racialmente pela sociedade do que à autoidentificação racial, isoladamente considerada" (VAZ, 2018: 43). Logo, se um indivíduo branco se autodeclarar negro, não passará a ser percebido socialmente como tal e, consequentemente, não deixará de gozar dos privilégios que a cor da sua pele lhe outorga, numa sociedade racialmente hierarquizada. Do mesmo modo, se uma pessoa negra se autodeclarar branca, não deixará, apenas por conta da sua autodeclaração, de ser socialmente percebida como negra e, por conseguinte, submetida aos efeitos do racismo.

Segundo a classificação por raça/cor do IBGE, temos quatro categorias: brancas/os, amarelas/os, indígenas e negras/os, esta última categoria formada por pretas/os e pardas/os. Nesse aspecto, notamos uma verdadeira *confusão* nos pedidos e decisões judiciais sobre cotas raciais. Muitas/os candidatas/os que recorrem ao sistema de justiça para garantir o acesso às vagas reservadas afirmam que, embora não sejam negras/os, são pardas/os. Ora, se refutam a condição de negra/o, tais candidatas/os também não deveriam pleitear o status de cotistas. "É que, quando uma pessoa afirma 'não sou negro, mas sou pardo', significa dizer que não se reconhece como negra/o, embora acredite haver na subcategoria pardo uma brecha para sua aprovação pelo sistema de cotas" (VAZ, 2018: 39). Nesse caso, vale-se exclusivamente da cor de sua pele (parda) que, na realidade, isoladamente considerada, não resulta na sua percepção social como uma pessoa negra.

Ora, as cotas raciais – independentemente das críticas que possam ser direcionadas à classificação do IBGE – tem como destinatárias/os as/os pardas/os negras/os e não as/os pardas/os socialmente brancas/os, o que exige que a cor da pele seja associada às demais marcas ou características que, em conjunto, atribuem ao sujeito a aparência racial negra.

É preciso pontuar, no entanto, que pode haver fronteiras fluidas na percepção social a respeito da raça de um indivíduo, sobretudo no caso dos pardos claros, limítrofes entre as categorias negro e branco. Entretanto, essas situações são, sendo que a própria instituição das comissões de heteroidentificação já inibe grande parte das tentativas de fraude, em que as/os candidatas/aos são, de modo inquestionável, socialmente brancas/aos. De todo modo, entendemos que parcela significativa das dúvidas razoáveis pode ser afastada a partir da análise do conjunto de características fenotípicas das/os candidatas/os – em especial, a cor da pele, marcador preponderante –, consideradas nos contextos relacionais locais.

Compreendidas essas premissas, se o objetivo da política pública em comento é garantir a efetiva inserção de pessoas negras em espaços antes reservados quase que exclusivamente à branquitude, a autodeclaração deve ser complementada por mecanismos de validação, de modo a preservar a eficácia das ações afirmativas.

A obrigação de fiscalizar o sistema de cotas é da

Administração Pública,[89] mais especificamente do ente público responsável pelo certame ou seleção e que tem a obrigação de confirmar se as/os candidatas/os cumprem as condições estabelecidas no edital. Acolhendo as autodeclarações raciais sem qualquer mecanismo de fiscalização/controle, a Administração Pública convalida, por meio de ato administrativo, as informações prestadas pelas/os candidatas/os, tornando-se também, ao menos indiretamente, responsável por seu conteúdo e seus efeitos. Assim, o ente público possui o dever/poder de fiscalização do sistema de cotas, sendo que a omissão de seus agentes nessa seara, além de configurar ato de improbidade administrativa por violação de princípio, caracteriza explícito desvio da finalidade instituída por lei para a política pública.

Salientamos, ainda, que a Administração Pública não deve condicionar sua atuação fiscalizatória à provocação de terceiros – quer de candidatas/os interessadas/os ou de outros órgãos. Isso porque é ela quem detém com exclusividade o acesso a um dado crucial para fins de controle das cotas raciais: a imagem das/os candidatas/os inscritas/os como cotistas.[90] Apenas a partir do acesso às características

---

89. Aqui estão abarcadas as universidades públicas – nos casos de acesso de estudantes aos seus cursos e de servidoras/es ou docentes aos seus concursos – e os órgãos públicos – nas hipóteses de concursos.

90. Na prática, muitos entes têm se limitado a realizar a heteroidentificação racial apenas das/os candidatas/os denunciadas/os por fraude, o que além de minguar o efetivo controle da política pública, cria

fenotípicas das/os candidatas/os será possível cotejá-las com o conteúdo da autodeclaração racial, para verificar se esta está ou não eivada de falsidade. Ademais, a verificação condicionada à denúncia de terceiros certamente causaria desigualdade entre candidatas/os, na medida em que aquelas/es que não tiverem suas autodeclarações impugnadas, ainda que falsas, ficarão imunes ao controle da política pública. Dessa maneira, a apresentação à comissão de heteroidentificação para fins de confirmação da autodeclaração deve se aplicar a todas/os as/os cotistas, independentemente de eventual impugnação ou "denúncia" por parte de terceiros. Na ausência da devida fiscalização por parte da Administração Pública, caberá aos órgãos de controle das omissões administrativas a adoção das providências cabíveis.

Instituídas as comissões de heteroidentificação, suas/seus integrantes devem observar o conjunto de características físicas das/os cotistas, buscando responder ao seguinte questionamento: essa pessoa é potencialmente vítima de discriminação racial, por ser considerada negra

---

desigualdade entre candidatas/os cotistas, ao avaliar apenas aquelas/es denunciadas/os. Nesses casos, é a/o cidadã/o comum que busca fotografias nas redes sociais para tentar comprovar e denunciar a fraude, o que, ainda assim, pode não surtir efeitos, diante das artimanhas adotadas por fraudadoras/es contumazes que, para evitar denúncias, têm retirado suas fotos das redes sociais. Ademais, ainda que não se vislumbrassem tais dificuldades na apuração das fraudes, a Administração Pública não pode impor o seu ônus fiscalizatório aos particulares.

no contexto brasileiro (notadamente no contexto local)? Dizemos potencialmente vítima porque o reconhecimento de uma pessoa como socialmente negra independe das experiências discriminatórias que ela tenha, porventura, sofrido. De fato, a percepção da vivência de discriminação racial é fator demasiadamente subjetivo, além de contingente. Há pessoas que são negras – inclusive com tom de pele preto – e que, até mesmo por ausência de letramento racial, acreditam que nunca sofreram racismo. Podem até não ter sofrido atos explícitos de injúria ou discriminação racial, mas certamente vivenciam os efeitos do racismo todos os dias.

Outro ponto fundamental diz respeito à necessidade de motivação do ato administrativo que valida ou invalida a autodeclaração racial, exigência que tem sido colocada pela jurisprudência, sob pena de reconhecimento da nulidade da decisão da comissão. Nessa decisão, devem ser abordados pelo menos três elementos essenciais: a cor da pele, a textura dos cabelos e os traços faciais das/os candidatas/os que se apresentam perante a comissão. A fundamentação da decisão não deve se limitar a, de forma genérica, afirmar o não atendimento dos requisitos estabelecidos no edital, a ponto de obstacularizar eventual defesa (judicial[91] ou administrativa) por parte da/o inte-

---

91. A jurisprudência tem se posicionado no sentido de exigir a motivação do ato administrativo emitido pelas comissões de heteroidentificação, sob pena de decretação de sua nulidade.

ressada/o. Sobretudo nas decisões de invalidação ou não confirmação, para afastar a presunção relativa de veracidade da autodeclaração racial, é importante que sejam indicadas quais as características fenotípicas da/o candidata/o que destoam daquelas percebidas socialmente numa pessoa negra.

Em contrapartida, a análise e fundamentação antropométrica – como a que se pretendeu realizar no certame do Instituto Federal de Educação do Pará *[veja as especificações do edital no Anexo 6, pág. 213]* – também não deve ser aplicada, mesmo porque vexatória e violadora da dignidade das/os candidatas/os, requisito considerado indispensável pelo STF na adoção de mecanismos de heteroatribuição. Ademais, uma análise *antropométrica*, de cunho *lombrosiano*,[92] das características físicas das/os cotistas se distancia dos próprios fatores determinantes da discriminação racial. Ninguém mede o nariz ou examina a existência de mucosas roxas em uma pessoa negra antes de decidir discriminá-la. Ou seja, "não são os dados antropométricos de um indivíduo que o tornam potencial alvo

---

92. O médico italiano Cesare Lombroso fundou a Criminologia a partir do racismo científico que constituiu a base da teoria da criminalidade nata, mundialmente conhecida com a publicação do seu livro *L'Uomo delinquente* (O homem delinquente), de 1876. O paradigma racista-lombrosiano afirmava a natureza imodificável do criminoso, em primitivo e perigoso, bem como o seu reconhecimento a partir de estereótipos, que espelhavam, sobretudo, o fenótipo de povos tidos como inferiores (negros, ciganos e "selvagens americanos"). Para saber mais, ver Góes (2016).

de racismo institucional e de práticas racialmente discriminatórias" (VAZ, 2018: 57-58), mas sim o conjunto de suas características fenotípicas.

É preciso pontuar, ainda, que não é atribuição da comissão de heteroidentificação avaliar se houve ou não má-fé por parte da/o candidata/o que não teve sua autodeclaração validada. Essa análise cabe, *a priori*, aos órgãos do sistema de justiça – notadamente o Ministério Público –, por meio de investigação apropriada que permita a autodefesa e o contraditório, já que, havendo má-fé a/o candidata/o pode incorrer em crime de falsidade ideológica (artigo 299 do Código Penal). A decisão administrativa da comissão, portanto, limita-se a validar ou invalidar a autodeclaração racial, verificando se o seu conteúdo corresponde ao conjunto de características físicas da/o candidata/o.[93]

---

[93]. Não cabe aqui o debate sobre a alteração promovida pela Portaria SGP/SEDGG nº 14.635, de 14 de dezembro de 2021, que estabelece que a eliminação da/o candidata/o do certame por falsidade da autodeclaração só pode ocorrer após procedimento administrativo a cargo da própria comissão de heteroidentificação. Caso contrário, a consequência é o retorno da/o candidata/o para a lista da ampla concorrência, o que, para nós, é um verdadeiro estímulo às fraudes, pois a "sanção" se resume ao retorno para a lista que deveria ocupar desde o início. Assim, vale a pena tentar a fraude. As mudanças estabelecidas não levam em conta diversos aspectos fundamentais. As/Os integrantes das comissões, designadas/os para a tarefa específica de realizar a heteroidentificação – e que muitas vezes não são sequer remuneradas/os para tanto –, terão que assumir a responsabilidade de instruir um processo administrativo, no curso do certame. O andamento dos concursos – cujas etapas se realizam em prazos exíguos – dependerá da conclusão do processo administrativo, emperrando a conclusão do certame, dentre tantos outros problemas

Outro fator relevante para a correta e eficaz implementação do sistema de cotas raciais é a tempestividade da heteroidentificação. Sua realização intempestiva pode prejudicar os direitos das/os candidatas/os negras/os de não concorrerem com candidatas/os brancas/os na disputa pelas vagas reservadas, regra cuja inobservância se reflete no resultado final do certame, em detrimento das/os destinatárias/os das cotas raciais. A heteroidentificação se configura como etapa seletiva que pode gerar a eliminação de candidatas/os no curso do certame. Nessa senda, candidatas/os efetivamente negras/os podem ser prejudicadas/os – sendo inclusive excluídas/os injusta e previamente das fases subsequentes do concurso, ou mesmo de eventual cadastro reserva –, por concorrerem com candidatas/os falsamente autodeclaradas/os negras/os e que, portanto, não teriam direito às vagas reservadas.

Por conseguinte, a heteroidentificação deve ser realizada em fase anterior à homologação do certame, mais precisamente entre as provas objetiva e subjetiva, nas hipóteses de concursos que contenham essas duas fases de avaliação. Dessa maneira, evita-se, a exclusão preliminar de candidatas/os negras/os do grupo de

---

decorrentes da nova portaria. Diferentemente da portaria original, a mais recente não foi precedida do necessário debate público e com especialistas sobre o tema e atravanca o processo de controle das cotas raciais, atribuindo à comissão tarefas que excedem suas verdadeiras funções.

candidatas/os a terem as provas discursivas corrigidas e, consequentemente, do cadastro reserva a ser formado. Nos processos seletivos de apenas uma fase, a heteroidentificação deve ser realizada antes de qualquer avaliação ou após a divulgação do resultado da prova e antes da homologação do resultado final.

Vimos que a jurisprudência brasileira evoluiu para considerar *legítima* a instituição de comissões de heteroidentificação. Porém não chegou a considerar o controle do sistema de cotas raciais como uma obrigação da Administração Pública. Com efeito, tanto na Arguição de Descumprimento de Preceito Fundamental nº 186-2 quanto na Ação Declaratória de Constitucionalidade nº 41, o Supremo Tribunal Federal firmou entendimento segundo o qual mecanismos complementares de heteroidentificação racial são *autorizados* no âmbito do sistema de cotas. Neste trabalho, defendemos não apenas a possibilidade, mas a imprescindibilidade de tais mecanismos de fiscalização[94] – tanto para o acesso de estudantes às universidades públicas, quanto para os concursos públicos. Mantenho esse posicionamento desde o início da minha atuação na Promotoria de Justiça de Combate

---

94. Foi nesse sentido que se posicionou o ministro Edson Fachin em seu voto-vogal na ADC nº 41, ao acompanhar o voto do relator para julgar procedente o pedido e para "dar interpretação conforme a Constituição do artigo 2º, caput e parágrafo único, da Lei 12.990, de 2014, para assentar a necessidade de estabelecimento de mecanismos de controle de fraudes nas autodeclarações dos candidatos nos concursos públicos federais".

ao Racismo e à Intolerância Religiosa, mais precisamente no início de 2016. Na ocasião, defendi entendimento, praticamente isolado – inclusive com resistência por parte de pesquisadoras/es e movimento negro – sobre a necessidade de instituição das comissões de heteroidentificação para garantir a eficácia das cotas raciais *[veja exemplo no Anexo 7, pág. 214]*.

Por fim, consideramos importante estabelecer alguns parâmetros referentes à heteroatribuição para fins de definição das/os destinatárias/os do sistema de cotas raciais, dentre os quais: a) obrigação da Administração Pública de fiscalizar o sistema de cotas, para sua correta e eficaz implementação; b) autodeclaração como critério *a priori* e de presunção relativa da condição de negra/o; c) características fenotípicas – e não a ascendência negra – como critério para definição da pertença racial e, portanto, validação da autodeclaração; d) necessidade de instituição de comissões de heteroidentificação como mecanismo complementar à autodeclaração racial; e) importância de se observarem a diversidade étnico-racial e de gênero, bem como a participação do movimento social negro na composição das comissões; f) necessidade de verificação presencial ou mesmo telepresencial das características fenotípicas das/os candidatas/os, não devendo a comissão se valer, em suas decisões, apenas da análise de fotografias – que são facilmente manipuláveis; g) desnecessidade/

invalidade da prova pericial[95] ou documental[96] para constatação da condição de negra/o; h) imprescindibilidade de motivação das decisões da comissão para afastar a presunção relativa de veracidade da autodeclaração racial; j) importância da tempestividade do processo de heteroidentificação.

3.2. PELA ELIMINAÇÃO DOS FILTROS RACIAIS NOS CONCURSOS PÚBLICOS: NÃO BASTA RESERVAR VAGAS, PRECISAMOS OCUPÁ-LAS!

Reforçar os mecanismos de controle em prol da eficácia das cotas raciais também passa por eliminar barreiras meritocráticas que funcionam como verdadeiros

---

95. Tendo em vista que raça e, consequentemente, racismo e discriminação racial são construções sociais, não há razão para exigência de prova pericial para constatação da condição de negra/o. Caso o critério fosse ascendência ou formação genética, a prova pericial poderia ser defensável.

96. É comum que, quando do nascimento, pessoas socialmente brancas sejam registradas como pardas, ainda que na vida adulta não apresentem traços físicos que permitam identificá-las como negras. Trata-se, na verdade, de indivíduos pardos brancos. Ademais, há documentos que indicam a raça do indivíduo a partir de sua autodeclaração, o que recai nas mesmas questões já aventadas acerca da percepção social – e não apenas individual – geradora da discriminação racial. Desse modo, a prova documental não é válida para fins de reconhecimento de um indivíduo como preto ou pardo perante as comissões de heteroidentificação. Salientamos, no entanto, que nas hipóteses de cotas para quilombolas e indígenas não há procedimento de heteroidentificação, já que tais classificações não se baseiam no fenótipo. Nestes casos, o modo de comprovação da condição afirmada pela/o candidata/o é documental, em geral, declaração emitida pela associação representante da comunidade quilombola e documento emitido pela Fundação Nacional do Índio (FUNAI), respectivamente.

filtros raciais. Não basta instituir reserva de vagas para pessoas negras em concursos públicos, se essas vagas não são efetivamente preenchidas. É o que tem ocorrido, com frequência, em concursos para cargos do sistema de justiça que, embora tenha implementado cotas raciais, ainda segue nomeando turmas – de magistradas/os, promotoras/es de justiça e defensoras/es públicas/os – inteiramente brancas.

O sistema de justiça – ao lado do Poder Legislativo, nas esferas municipal, estadual e federal – talvez sejam os espaços em que mais se evidencia o racismo institucional, a começar pela ausência de diversidade étnico-racial na sua composição.

O *Perfil Sociodemográfico dos Magistrados Brasileiros* de 2018, publicado pelo Conselho Nacional de Justiça (CNJ), revelou que apenas 18,1% (16,5% pardos e 1,6% pretos) das pessoas que integravam a magistratura eram negras. Novo levantamento divulgado em 2021, por meio da *Pesquisa sobre negros e negras no Poder Judiciário* concluiu que pessoas negras representam apenas 12,8% da magistratura.[97] Numa perspectiva interseccional, temos que apenas 5% das magistradas brasileiras são mulheres

---

97. Dos Tribunais estaduais, cinco apresentaram percentual inferior a 3% de magistradas/os negras/os nos seus quadros: Tribunal de Justiça de Pernambuco (0,5%), Tribunal de Justiça do Rio Grande do Sul (1,9%), Tribunal de Justiça de São Paulo (2,4%), Tribunal de Justiça do Mato Grosso do Sul (2,5%) e Tribunal de Justiça de Santa Catarina (2,6%). Considerando apenas as magistradas negras, tem-se os seguintes

negras. Os dados também evidenciam que o Poder Judiciário tem funcionado quase como uma capitania hereditária: território dominado pela branquitude e transmitido de geração a geração. Com efeito, pelo menos um quinto das/os magistradas/os brasileiras/os têm familiares na magistratura e 51% têm familiares em outras carreiras do direito. Não nos parece que essa hegemonia branca, associada à manutenção de cargos do sistema de justiça nas mãos das mesmas famílias (brancas) seja mera coincidência ou fruto de uma concepção justa de mérito.

Diversos são os elementos que incidem na seleção de membros do sistema de justiça e que contribuem para que este continue monocromático e, consequentemente, com visões parcial e racialmente pré-estabelecidas sobre liberdade, igualdade e justiça. Desde o conteúdo das provas, passando pela formação das comissões de concurso, até as cláusulas de barreira, temos fatores que terminam por excluir ou preterir candidatas/os negras/os, configurando, na prática, um expressivo exemplo de como opera a discriminação racial indireta. É que se trata, em tese, de regras ou critérios supostamente neutros, mas cujo resultado impacta de forma prejudicial um determinado grupo étnico-racial.

Quanto ao conteúdo das avaliações, as provas objetivas, correspondentes à primeira fase dos concursos

---

percentuais por cargo: 11,1% de ministras, 12,1% de desembargadoras, 11,2% de juízas titulares, 16,3% de juízas substitutas.

para cargos do sistema de justiça, costumam se concentrar na competência para memorização de leis. Essa exigência, além de alienante – já que não demanda das/os candidatas/os uma percepção crítica da realidade e dos problemas concretos vivenciados pelas/os cidadãs/ãos – também tem efeitos social e racialmente seletivos. Afinal, quem são as pessoas, no Brasil, que conseguem tempo livre para adquirir esse tipo de competência? Pessoas negras, em geral, estão ocupadas sobrevivendo a um país que lhes reserva o subemprego e a opressão; não possuem tempo ocioso para decorar pontos, vírgulas e crases de textos legais.

Além disso, a ausência de temas relacionados às relações étnico-raciais e ao enfrentamento ao racismo reflete o pensamento geral da *branquitude acrítica*[98] de que o racismo no Brasil não existe, reverberando a ideia de uma democracia racial cuja falsidade é demonstrada pelo próprio perfil dos integrantes daquelas instituições nas quais se objetiva ingressar. Quando editais e provas de concursos públicos ignoram essas pautas – inclusive

---

98. O historiador Lourenço Cardoso dedica-se a analisar dois tipos distintos de branquitude: a crítica que, pelo menos, publicamente desaprova o racismo, e a acrítica, que não desaprova o racismo e ainda sustenta a superioridade do ser branco, mesmo que não reconheça que é racista. Segundo o autor, a branquitude acrítica, quando age de modo extremado, pratica extermínios; mas, agindo de maneira mais branda "[...] procura se inserir no jogo democrático propagando discursos racistas dissimulados de nacionalistas." (CARDOSO, 2010: 623).

a própria legislação antirracista –, o ente público que promove o certame explicita que seus futuros membros não precisam de *letramento racial*[99] (ou melhor, antirracista) para desempenharem suas funções.

Nesse ponto, é relevante mencionar a Recomendação nº 40/2016, do Conselho Nacional do Ministério Público (CNMP), que estabelece a criação de órgãos especializados na promoção da igualdade étnico-racial em todos os ramos do Ministério Público, bem como a inclusão do tema e legislação específica correspondente como matéria obrigatória nos editais de concurso e nos cursos de formação inicial e continuada de membros e servidores do órgão.

Apesar da importância da matéria tratada – que decorre inclusive de decisão da Comissão Interamericana de Direitos Humanos (CIDH) contra o Estado brasileiro, caso Simone Diniz, de 2006[100] –, o CNMP não tem logrado êxito em estabelecer um controle efetivo

---

99. Originalmente cunhado por France Winddance Twine, a concepção de *racial literacy* foi utilizada pela socióloga e etnógrafa afro-americana para explicitar como sujeitos brancos devem agir no sentido de desconstruir o racismo em suas identidades brancas (TWINE, 2010). Aqui, utilizamos a expressão *letramento antirracista* por entendermos que a atitude envolve – para além da busca de conhecimentos sobre racismo e relações raciais e da desconstrução de identidades racistas – a capacidade de leitura do mundo com lentes antirracistas e de exercê-lo (o letramento antirracista) para além do mero discurso, com efetivos compromissos e atitudes (individuais, coletivas e institucionais) antirracistas.

100. Na decisão de mérito do caso Simone Diniz (Caso nº 12.001, de 21 de outubro de 2006), a CIDH destacou a inoperância do sistema de

sobre o cumprimento do referido ato pelos Ministérios Públicos.[101] Recordamos, ainda, em sentido semelhante, porém mais específico, o artigo 55 do Estatuto da Igualdade Racial e de Combate à Intolerância Religiosa do Estado da Bahia (Lei nº 13.182/2014).[102]

Assim, as próprias normas que foram utilizadas pelo CNMP para a construção da Recomendação, e que integram nossa legislação, devem ser incluídas nos editais e nas provas de todos os concursos públicos no Brasil – sobretudo aqueles voltados para o provimento de cargos no sistema de justiça –, bem como obras antirracistas, não apenas jurídicas, que ultrapassem a superficialidade e sejam comprometidas com a complexidade radical com que se apresenta o racismo antinegro brasileiro. Jamais alcançaremos justiça racial nesse país se não tivermos um sistema de justiça diverso (em termos

---

justiça brasileiro na punição dos crimes de cunho racial, considerando-o institucionalmente racista.

101. Com efeito, não há informações divulgadas pelo CNMP sobre quantas unidades do Ministério Público possuem órgãos especializados na promoção da igualdade étnico-racial, tampouco há um controle efetivo do conteúdo de provas e editais de concursos com o objetivo de acompanhar o cumprimento do quanto recomendado pelo Conselho.

102. O referido artigo estabelece que "os programas de avaliação de conhecimentos em concursos públicos e processos seletivos em âmbito estadual abordarão temas referentes às relações étnico-raciais, à trajetória histórica da população negra no Brasil e na Bahia, sua contribuição decisiva para o processo civilizatório nacional, e políticas de promoção da igualdade racial e de defesa de direitos de pessoas e comunidades afetadas pelo racismo e pela discriminação racial, com base na legislação estadual e federal específica".

étnico-raciais), letrado e capaz de romper com o pacto narcísico da branquitude na produção, interpretação e aplicação do direito (VAZ; RAMOS, 2021: 269).

Além da problemática relacionada ao conteúdo das provas, temos a exigência – incluída pela Emenda Constitucional nº 45/2004, de três anos de atividade jurídica (art. 93, inciso I, art. 129, § 3º, CF) – que também opera de forma seletiva, quando levamos em consideração que a desigualdade racial e o racismo institucional criam severos obstáculos para que pessoas negras possam acessar esses postos de trabalho para demonstrar a experiência imposta. Ademais, é sabido que muitas pessoas *comprovam* essa suposta experiência apenas mediante cópia de petições assinadas em conjunto com advogadas/os associadas/os a escritórios de advocacia, sem que exerçam efetivamente as respectivas atividades jurídicas. Pessoas negras não possuem a mesma facilidade de acessar esse privilégio, raramente possuem parentes atuando em escritórios de advocacia.

Não podemos deixar de mencionar que – conforme previsão constitucional (art. 37, inciso II, art. 93, inciso I e art. 127, § 3º, CF) – a seleção das/os candidatas/os a cargos no serviço público envolve concursos públicos de provas ou provas e títulos, "de acordo com a natureza e a complexidade do cargo ou emprego". Nos concursos do sistema de justiça é comum que os títulos valorados sejam acadêmicos (pós-graduação, mestrado e doutorado). Mas o que tais títulos têm a ver com a natureza das funções exercidas por membros do sistema de justiça? Afinal, por que juízas/es, promotoras/es e defensoras/es públicos precisam ter tais títulos se o desempenho de suas atividades funcionais não abrange a docência? Sabemos que pessoas negras não acessam esses espaços acadêmicos em condições de igualdade. O que faz com que alguém que seja mestra/e ou doutor/a tenha mais valor numa instituição do sistema de justiça do que, por exemplo, uma mulher negra, com trajetória de vulnerações sociorraciais e de gênero e cujas vivências e saberes trariam uma perspectiva de diversidade imprescindível para a construção de justiça pluriversal? Por que a experiência com movimentos sociais e serviços voluntários não é contabilizada como títulos? São questões que nos fazem refletir sobre o modo como os arranjos meritocráticos produzem discriminação racial indireta, a partir de condições e critérios que privilegiam os conhecimentos e valores da branquitude, preterindo pessoas negras, apesar da aparente neutralidade das normas pertinentes.

Além de todos os problemas decorrentes de conteúdos "racialmente neutros" – isto é, que expressam, de um lado, a desimportância de assuntos relacionados ao racismo e, de outro, a imposição de temas focados numa visão legitimadora da hegemonia branca –, a avaliação das/os candidatas/os é realizada por bancas compostas (quase que invariavelmente) por pessoas brancas, tal qual os conhecidos *all white juries*.[103] Por mais que se alegue a *imparcialidade racial* das comissões julgadoras, os vieses racistas são capazes de influenciar consciente ou inconscientemente decisões em desfavor de pessoas negras ou, em contrapartida, em favor de pessoas brancas. E ainda que assim não fosse, não há fundamento para se manterem bancas de concursos inteiramente brancas (e, muitas vezes, também masculinas) em instituições que se pretendem democráticas e assumiram – pelo menos formalmente e ainda que compulsoriamente – um compromisso com a diversidade étnico-racial a partir da instituição de cotas raciais em suas seleções.

Por fim, temos ainda as chamadas cláusulas de barreira que acabam produzindo obstáculos para que candidatas/os negras/os sejam aprovadas/os para as etapas seguintes dos concursos públicos, notadamente do sistema de justiça. As cláusulas de barreira são regras que restringem o quantitativo de candidatas/os aprovadas/os de uma etapa para outra dos concursos públicos, ainda que estas/es tenham atingido pontuação mínima para

---

103. Há diversos casos emblemáticos na jurisprudência estadunidense que demonstram a discriminação racial na seleção de juradas/os e, consequentemente, no julgamento e condenação de pessoas negras por juris inteiramente brancos. Apenas para mencionar alguns: *Strauder v. West Virginia*, 100 U.S. 303 (1880); *Virginia v. Rives*, 100 U.S. 313 (1880); Powell v. Alabama, 287 U.S. 45 (1932); *Norris v. Alabama*, 294 U.S. 587 (1935); *Swain v. Alabama*, 380 U.S. 202 (1965); *Batson v. Kentucky*, 476 U.S. 79 (1986).

não serem reprovadas/os. As justificativas para a adoção de tais normas restritivas seriam a suposta eficiência, redução de custos e agilidade na correção das provas.

Em decisão proferida em fevereiro de 2014, no Recurso Extraordinário nº 635739, o Supremo Tribunal Federal entendeu pela constitucionalidade das cláusulas de barreira, afirmando que estas não violam o princípio da igualdade, já que estabelecem cláusulas gerais e abstratas, aplicadas igualmente para todas/os as/os candidatas/os. Embora, de fato, as referidas normas costumem ser estabelecidas genericamente para todas/os as/os candidatas/os, não vislumbramos em que protegem o interesse público, ao deixar de convocar pessoas qualificadas para o exercício da função pública. Além disso, entendemos que há violação ao princípio da economicidade, por gerar despesas desnecessárias com novos concursos, quando o poder público – caso não houvesse cláusula de barreira – teria à disposição para convocações futuras candidatas/os que atingiram a nota mínima exigida pelo próprio Estado.

Nesse sentido, se as cláusulas de barreira – normalmente consubstanciadas em notas de corte e número máximo de provas a serem corrigidas – produzem efeitos danosos ao interesse público de um modo geral, elas são ainda mais prejudiciais quando se trata da execução das cotas raciais. É que se candidatas/os negras/os deixam de avançar nos certames – inclusive, muitas vezes, concorrendo com candidatas/os brancas/os falsamente autodeclaradas/os negras/os – em virtude das cláusulas de barreira, ao final do concurso a eficácia do sistema de cotas é diretamente afetada. Ou não haverá cotistas aprovadas/os em número suficiente para preencher todas as vagas reservadas[104] ou não será formado cadastro reserva de cotistas para ocuparem as vagas que tendem a surgir durante a vigência do edital, o que tem ocasionado a convocação e a nomeação de mais candidatas/os das listas de ampla concorrência, normalmente pessoas brancas. Daí a existência de turmas inteiramente brancas nomeadas para os cargos do sistema de justiça.

Nesse contexto, em abril de 2022, o Conselho Nacional de Justiça (CNJ) – considerando o Estatuto da Igualdade Racial, a Lei nº 12.990/2014 e a Resolução 203/2015 do próprio Conselho –, reconhecendo que o Poder Judiciário brasileiro ainda está muito distante de dar concretude, razoável e proporcional, à dimensão substancial do princípio da igualdade para pessoas negras ingressarem na magistratura, aprovou o Ato Normativo nº 0002241-05.2022.2.00.0000 que veda a nota de corte

---

104. O estudo realizado pela Comissão MPérolas Negras, do Movimento Nacional de Mulheres do MP – composto por promotoras e procuradoras de justiça negras dos MPs brasileiros e da qual a autora faz parte – demonstrou que, em que pese os percentuais de vagas reservadas nos editais de concurso para membros do MPs, entre os onze estados que realizaram provas no período abrangido pela pesquisa, somente quatro tiveram candidatas/os negras/os aprovadas/os (SANTOS *et al*, 2021).

ou qualquer cláusula de barreira na prova objetiva seletiva para pessoas negras inscritas em concursos para ingresso na magistratura *[veja comentário sobre a decisão do STF no Anexo 8, pág. 215]*.

Por conseguinte, o CNJ modificou a Resolução nº 75/2009 – que dispõe sobre os concursos públicos para ingresso na carreira da magistratura em todos os ramos do Judiciário – e a Resolução nº 203/2015 – que reserva de 20% das vagas oferecidas nos concursos públicos para ingresso na Judiciário a pessoas negras – estabelecendo a vedação de cláusulas de barreira para candidatas/os negras/os em suas provas objetivas, bastando o alcance da nota 6,0 (seis) para admissão nas fases subsequentes.

Em sentido semelhante, apenas para citar um exemplo das iniciativas que vêm sendo adotadas nesse particular, o último edital de concurso para o provimento de cargo de Defensor/a Público/a da Defensoria Pública do Ceará (nº 01/2022) determina que não se aplica a cláusula de barreira a candidatas/os negras/os, desde que tenham obtido as notas mínimas exigidas no edital para todas/os as/os candidatas/os.

Apontadas os principais entraves para a efetividade das políticas de cotas raciais nos concursos públicos, sobretudo do sistema de justiça, reafirmamos que as instituições públicas devem assumir uma postura de compromisso político com a diversidade, aperfeiçoando suas ações afirmativas para garantir não apenas a mera reserva de vagas, mas também o *preenchimento* das vagas reservadas.

3.3. AÇÕES AFIRMATIVAS NA POLÍTICA: UMA PROPOSTA INTERSECCIONAL

A política é uma esfera de atuação essencial para promover transformações estruturais nas sociedades. No entanto, até mesmo nas mais festejadas democracias do mundo, a desigualdade no acesso ao poder político é uma realidade que desafia a própria ideia de Estado Democrático de Direito.

No Brasil, é evidente o processo histórico de alijamento de determinados grupos dos espaços de poder político, ainda ocupados quase que exclusivamente por homens brancos e ricos, como numa espécie de sistema de cotas sociorraciais às avessas que, embora não formalizado, é secular (AMPARO, 2020). Desde a primeira eleição – realizada em 1532 para a Câmara Municipal de São Vicente – até o último pleito eleitoral de 2020, o direito ao voto sofreu diversas transformações. A partir de uma breve abordagem histórica, é possível perceber a tônica da colonialidade em termos de direitos políticos, com exclusão de pessoas negras pela ordem jurídica, seja direta ou indiretamente.

Na fase colonial, quando as eleições se restringiam ao âmbito municipal, o voto era aberto e podia ser exercido por *homens livres*, ainda que analfabetos. Já no período imperial, o direito ao voto, estabelecido pela Constituição de 1824, era de natureza censitária, sendo que pessoas escravizadas eram excluídas do texto constitucional e, portanto, da concepção de cidadania.

Com a Constituição Republicana de 1891 – que instituiu o regime presidencialista e extinguiu o voto censitário –, houve ampliação do direito ao voto que, no entanto, não alcançava todas as pessoas: mendigos, analfabetos, soldados rasos, mulheres, clérigos e indígenas estavam impedidos de votar e de serem votados. Não é preciso muito esforço para supor quem compunha a grande massa dos mendigos e analfabetos, num Estado que, como vimos, proibiu legalmente, por décadas, pessoas negras de acessarem a educação formal e dificultou a inclusão de libertas/os no mercado de trabalho, como parte do projeto político de embranquecimento do país, no período pós-abolição.

O voto feminino foi inicialmente assegurado, em 1932, pelo Código Eleitoral, para as mulheres casadas que tivessem autorização marital e para as viúvas com renda própria, exigências que, no entanto, deixaram de existir, com a Constituição dos Estados Unidos do Brasil de 1934, que previa expressamente o voto feminino, mas ainda impedia que mendigos e analfabetos se alistassem como eleitores, mantendo-os, portanto, inelegíveis.

Ainda quanto ao voto feminino, é fundamental uma leitura interseccional. No Brasil, mulheres negras não participaram do movimento sufragista pelo direito ao voto. Após a abolição da escravidão, convertidas de mucamas a empregadas domésticas, mulheres negras – que sempre trabalharam fora de suas casas e foram, na condição de ganhadeiras e quituteiras, as primeiras empreendedoras do Brasil – ocuparam-se das casas, das/os filhas/os e dos afazeres domésticos das mulheres brancas, respaldando-as para o trabalho remunerado e outros direitos fundamentais, como o voto. Com difícil acesso à educação formal, as mulheres negras raramente preenchiam a condição de alfabetização para o alistamento eleitoral e, consequentemente, para o direito de votarem e serem votadas.

A partir da Constituição de 1946, os mendigos deixam de figurar expressamente na lista das pessoas impedidas de votar, persistindo, no entanto, a restrição aos analfabetos. A Constituição ditatorial de 1967 e o Ato Institucional nº 5, de 1969, continuaram impondo restrições aos direitos políticos das pessoas analfabetas, até o advento da Emenda Constitucional nº 25, de 1985, que atribui à lei a disposição sobre a forma daqueles que poderiam se alistar eleitores e exercer o direito de voto (artigo. 147, § 4º). A vigente Constituição Federal de 1988 tornou o voto facultativo para os analfabetos que, no entanto, permanecem inelegíveis.

Em síntese, essa breve análise histórica sobre direitos políticos é capaz de demonstrar como a ordem jurídica operou – aliada a fatores socioeconômicos, de gênero e étnico-raciais – com efeitos prejudiciais à população negra (mas também indígena) –, alijada do poder político até os dias atuais, o que configura discriminação racial indireta.[105]

Se, como proclamam os movimentos negros, "não há democracia com racismo", como superar a sub-representação de pessoas negras nas casas legislativas brasileiras,[106] notadamente no Congresso Nacional?[107] A mera constatação da sub-representação negra nos cargos políticos no Brasil não é suficiente para compreender de que modo as desigualdades raciais determinam desvantagens em cada etapa do processo eleitoral.

Antes de avaliar as chances de pretas/os e pardas/os serem eleitas/os, é preciso apurar o efetivo acesso

---

105. A discriminação racial indireta configura-se quando uma disposição, critério ou prática aparentemente neutros colocam indivíduos pertencentes a determinado grupo racial em situação de significativa desvantagem, quando em comparação com outro ou outros grupos raciais. Em outras palavras, para além das hipóteses em que pessoas são tratadas de forma diretamente discriminatória, a discriminação racial também pode ocorrer quando pessoas em situações diferentes são tratadas de forma idêntica, sem observância de suas peculiaridades e necessidades especiais, gerando, assim, um modo indireto de discriminação racial. Nesses casos, não é o tratamento dispensado que é mais ou menos favorável, e sim os seus resultados.

106. Sobre o tema ver as contribuições de Isadora Lopes Harvey (2016) e de Osmar Teixeira Gaspar (2017).

107. Desde 1983, com o processo de reabertura democrática do país, um número estimado de 29 parlamentares negros exerceu mandato no Congresso Nacional, sendo que destes, 17 foram eleitos para dois mandatos ou mais. "Entre 1983 e 1987, dos 479 membros da câmara dos Deputados, quatro (0,84%) eram negros; entre 1987 e 1991, dos 487 membros, dez (2,05%); entre 1991 e 1995, de 503 membros, 16 (3,18%); e entre 1995 e 1999, dos 513 membros, os negros eram em número de 15 (2,92%)" (JOHNSON, 2000).

desse grupo racial, a partir de uma perspectiva interseccional. Embora a igualdade no direito ao voto seja uma importante conquista, é necessário garantir ainda plena capacidade eleitoral passiva, o que implica não apenas a possibilidade de se candidatar, mas também de ser votada/o, a partir de uma disputa eleitoral em condições de igualdade, inclusive no que tange aos recursos eleitorais.

Em recente consulta formulada pela Deputada Federal Benedita da Silva ao Tribunal Superior Eleitoral *[conheça a consulta no Anexo 9, pág. 216]*, questionou-se sobre a possibilidade de reserva de vagas para candidaturas negras, bem como de distribuição proporcional do Fundo Partidário, do Fundo Especial de Financiamento de Campanha e do tempo de propaganda eleitoral para tais candidaturas, especialmente de mulheres negras. Ao fim do julgamento, o TSE reconheceu os efeitos do racismo estrutural na seara política, estabelecendo que todos os partidos políticos deveriam investir nas campanhas eleitorais de maneira proporcional ao número de candidaturas negras existentes em suas respectivas legendas. Contudo, no que tange às cotas raciais eleitorais, o tribunal afirmou que estas dependem de atuação do Congresso Nacional, por meio de lei específica.

Diante disso, foi proposta Arguição de Descumprimento de Preceito Fundamental pelo Partido Socialismo e Liberdade (PSOL), em nome da Educafro, com o objetivo de que o STF reconhecesse a imediata aplicação dos efeitos do julgamento do TSE na referida Consulta. Em sede de decisão liminar, o ministro Ricardo Lewandowski determinou "a imediata aplicação dos incentivos às candidaturas de pessoas negras, nos exatos termos da resposta do TSE à Consulta 600306-47, ainda nas eleições de 2020", decisão confirmada posteriormente pela Corte. Desse modo, é fundamental evidenciar que não houve – como inclusive se noticiou nos meios de comunicação – instituição de cotas raciais eleitorais, mas sim a determinação de distribuição proporcional de recursos e de tempo de propaganda eleitoral para candidaturas negras.

Mesmo com a evolução legislativa e jurisprudencial voltada para o incremento da representação política de grupos historicamente vulnerabilizados, as relações de poder e dominação vão se ajustando, criando mecanismos informais de compensação, para garantir a concentração do poder político nas mesmas mãos de sempre. É o que nos revela a experiência brasileira com as cotas de gênero. De fato, mesmo mais de uma década após a promulgação da Lei nº 9.504/1997, não houve aumento significativo da presença feminina nos cargos políticos, uma vez que as agremiações se limitavam a incluir mulheres em suas listas de candidaturas apenas formalmente, para cumprir a determinação legal, sem nenhum investimento efetivo em suas campanhas eleitorais. Ou seja, concorrendo apenas como "candidatas laranjas", sem condições de competirem para os cargos eletivos, as mulheres dificilmente logravam êxito nos pleitos eleitorais, o que levou o TSE e o STF a, provocados, estabelecer aplicação de recursos proporcionais aos 30% de candidaturas femininas exigidas por lei.[108]

Como efeito adverso da melhor concretização da cota de gênero e da distribuição proporcional de recursos às candidatas mulheres, observou-se a manutenção do subfinanciamento das candidaturas negras, especialmente de mulheres negras.[109] Outro possível efeito adverso, diante da ausência de cotas raciais eleitorais no Brasil e da recente decisão de financiamento proporcional de candidaturas negras, pode ser a redução do número de candidaturas negras nos partidos políticos nas próximas

---

108. Importantes mudanças foram estabelecidas entre o pleito eleitoral de 2014 e o de 2018, no que diz respeito ao financiamento de campanhas. A partir das eleições de 2018, além da proibição de doações oriundas de empresas privadas, foi criado um Fundo Especial de Financiamento de Campanha com recursos distribuídos entre os partidos políticos. Foi também a partir do pleito eleitoral de 2018 que o STF determinou o investimento de pelo menos 30% dos recursos do Fundo Partidário para o financiamento de campanhas eleitorais de mulheres.

109. A partir da análise da distribuição de recursos por gênero nos pleitos eleitorais de 2014 e 2018, estudos demonstraram que "os extremos se mantêm: os homens brancos seguem como o grupo mais sobre-financiado e as mulheres negras como o grupo mais subfinanciado" (RAMOS *et al*, 2020: 69). As mudanças na distribuição de recursos beneficiaram muito mais as mulheres brancas do que as negras. Enfim, o estudo revelou que houve uma alteração do principal marcador de diferença: "se em 2014 o gênero foi a principal divisão que pautou a desigualdade de financiamento, em 2018 a raça sobressaiu" (RAMOS *et al*, 2020: 71).

eleições, justamente para evitar a repartição dos recursos proporcionalmente ao número de candidatas/os negras/os. Sem a garantia de presença negra mínima nas listas de candidaturas dos partidos políticos – por meio de cotas, como se dá em relação às mulheres –, o grupo hegemônico (homens brancos), que domina as decisões e espaços políticos no país, certamente tenderá a excluir candidaturas negras. Assim, são obrigados a dividir o bolo apenas com candidatas mulheres (quase todas brancas).

Os dados referentes ao perfil racial das/os candidatas/os na última eleição (2020), após a decisão das Cortes sobre o financiamento proporcional para candidaturas negras, podem indicar mais um efeito adverso: autodeclarações raciais falsas. Segundo dados do TSE,[110] as eleições municipais de 2020 registraram número recorde de candidatas/os negras/os.[111] Ocorre que, conforme registros disponibilizados pela Justiça Eleitoral, ao menos 21 mil candidatas/os mudaram a declaração de cor/raça

---

110. Em 2013, o TSE decidiu instituir a autodeclaração racial nas inscrições das candidaturas para as eleições subsequentes de 2014, medida que viabilizou, pela primeira vez na história, o cômputo da raça/cor das/os candidatas/os registradas/os e, consequentemente uma análise mais aprofundada sobre o perfil étnico-racial das Casas Legislativas do país, sobretudo do Senado Federal e na Câmara dos Deputados.

111. Do total de candidatas/os com registros validados pela Justiça Eleitoral, 39,45% se declararam pardas/os e 10,49%, pretos. Esta é a primeira vez, desde o início da coleta de informações sobre cor/raça, em 2014, que as/os candidatas/os brancas/os não representam a maioria das/os concorrentes às vagas eletivas.

que apresentaram no pleito de 2016,[112] o que fez com que entidades dos movimentos negros demandassem a fiscalização das autodeclarações raciais.

A experiência da implementação de cotas raciais no Brasil demonstra a necessidade de mecanismos de controle das autodeclarações raciais também na arena política. É preciso, então, atentar para a previsão de mecanismos de controle – especialmente controle social – tanto dos recursos públicos investidos nas candidaturas, quanto das autodeclarações raciais das/os candidatas/os, para impedir que os partidos políticos destinem os recursos supostamente reservados proporcionalmente para candidaturas negras para candidatas/os brancas/os falsamente autodeclaradas/os negras/os.

Todo o histórico de exclusão de pessoas negras – notadamente de mulheres negras – dos espaços de efetivo exercício do poder político e a persistência dos obstáculos à igualdade de oportunidades nessa seara ferem a igualdade constitucionalmente preconizada, de modo a justificar a necessidade de ações afirmativas. Diante desse quadro, a questão que se coloca é se e como ações afirmativas

---

112. De modo semelhante, mais especificamente em relação a candidaturas femininas, segundo levantamento realizado pela Alma Preta Jornalismo – a partir do cruzamento de dados do site do TSE e do Infoseg Parlamentar da Câmara Federal, das treze deputadas federais eleitas em 2018 e que se autodeclararam negras perante o TSE, quatro alteraram suas autodeclarações para brancas no sistema oficial da Câmara dos Deputados, em 2022 (RODRIGUES, 2022).

constituiriam mecanismo adequado e suficiente para ampliar a participação negra no Poder Legislativo.

Nesse ponto, defendemos a adoção de *ações afirmativas raciais interseccionais*, com instituição de um percentual mínimo para homens negros e, igualmente, para mulheres negras.

Aqui, compreendemos a interseccionalidade[113] não apenas como importante categoria analítica, mas também como instrumento imprescindível para o planejamento e execução de políticas públicas. De fato, na esfera do acesso ao poder político evidencia-se o modo como os sistemas de opressão do racismo, do sexismo e do classismo interagem na produção e reprodução de desigualdades, mantendo homens brancos no topo do poder, em detrimento de pessoas negras, sobretudo mulheres negras. Assim, medidas destinadas a ampliar o acesso feminino ao poder político acabam por beneficiar mulheres brancas. O mesmo se diga em relação a ações afirmativas tendentes a incrementar a presença negra nos cargos políticos: na ausência de uma perspectiva interseccional, os mecanismos de inclusão tendem a ser mais efetivos para homens negros do que para mulheres negras.

---

113. Sobre interseccionalidade, ver Kimberlé Crenshaw (1991), Mara Viveros Vigoya (2016) e Carla Akotirene (2018). Djamila Ribeiro (2018a: 82) explica que "pensar a interseccionalidade é perceber que não pode haver primazia de uma opressão sobre as outras e que é preciso romper com a estrutura. É pensar que raça, classe e gênero não podem ser categorias pensadas de forma isolada, porque são indissociáveis.

Embora tenhamos, no Brasil, cotas de gênero legalmente previstas desde a década de 1990, no que tange a ações afirmativas raciais no campo político, os precedentes se limitaram a propostas que não lograram aprovação *[mais sobre os referidos precedentes no Anexo 10, pág. 217]*. Não se trata de exclusividade do Brasil. Embora a América Latina venha liderando o ranking de países que adotaram cotas de gênero em seus processos eleitorais, o mesmo não pode ser dito em relação à inclusão étnico-racial. São poucos os países que aplicam medidas de promoção da igualdade étnico-racial na política.[114]

Pesquisando democracias eleitorais, Mala Htun identificou um padrão nas ações afirmativas eleitorais: a implementação de cotas em listas de candidaturas para mulheres e reserva de assentos em legislaturas para grupos étnico-raciais. A autora enfatiza que as reservas garantem aos membros do grupo desfavorecido

---

114. Em *Inclusion Without Representation in Latin America: Gender Quotas and Ethic Reservations*, Htun (2014) elenca as ações afirmativas para inclusão étnico-racial adotadas pelos países latino-americanos. Em 1991, a legislação colombiana reservou dois assentos no Senado para povos indígenas e na Câmara dos Deputados, dois assentos para pessoas negras e um assento para povos indígenas. Já a Venezuela – a partir de lei, de 1999, e posterior alteração na Constituição venezuelana de 2005 –, reservou três assentos no Parlamento para povos indígenas, além de um assento em meio a oito legislaturas estaduais e um em conselhos municipais situados em território indígena. No Peru, lei de 2002 garantiu às comunidades nativas 15% das nomeações das listas partidárias nas eleições regionais da Amazônia. A Bolívia, por sua vez, reservou, em lei de 2009, sete assentos para povos originários na Câmara dos Deputados.

uma parcela do poder político, independentemente das dinâmicas partidárias, assegurando o incremento da participação dessas comunidades nas decisões políticas (HTUN, 2004).

Para além do que já foi até aqui pontuado, é fundamental que seja amplamente debatido se cotas raciais interseccionais para composição de lista de candidaturas – ainda que associada às demais medidas aqui sugeridas (repartição proporcional de recursos e controle das autodeclarações raciais – são suficientes para garantir a presença negra na política, numa sociedade tão estruturalmente racista como a nossa.

Avaliando a distribuição racial das candidaturas no Brasil, a partir de dados das eleições de 2014, 2016 e 2018, os pesquisadores Luiz Augusto Campos e Carlos Machado explicam que "embora exista um déficit de candidaturas não brancas em relação à população brasileira em todos os pleitos, ele não é suficiente para explicar a sub-representação de preto(a)s e pardo(a)s depois das eleições" (CAMPOS; MACHADO, 2020: 67). Ou seja, a sub-representação negra é muito mais intensa após a escolha do eleitorado do que na composição das listas partidárias para o processo eleitoral. Nas palavras dos autores: "a defasagem de eleito(a)s em relação às candidaturas é bem mais aguda, evidenciando que entre a nomeação de um(a) candidato(a) e a sua eleição persiste um filtro mais potente para a restrição de não branco(a) s do que aquele operado para a apresentação nas listas partidárias" (CAMPOS; MACHADO, 2020: 67). Essa conclusão pode indicar a insuficiência da implementação de cotas raciais apenas para listas de candidaturas.

Nessa perspectiva, a instituição de percentual mínimo de candidaturas negras nas listas partidárias não é suficiente para o crescimento das oportunidades políticas de pessoas negras, demandando outros instrumentos de impactos mais significativos para alterar o perfil do Legislativo brasileiro. Isso porque as cotas para listas de candidaturas incidem sobre a discriminação racial nas estruturas partidárias. Quando associadas à repartição proporcional de recursos para campanhas eleitorais, o sistema de cotas confere a candidatas/os negras/os maiores chances de serem eleitas/os.

Entretanto, a determinação de proporcionalidade no financiamento e no tempo de propaganda eleitoral para candidaturas negras (que garantiriam uma disputa em iguais condições de competitividade) não é suficiente, devendo ser instituídas ações afirmativas que garantam uma presença negra mínima nas listas de candidaturas e nos assentos legislativos. O contrário também é verdadeiro. De pouco adianta estabelecer ações afirmativas raciais nos pleitos eleitorais se candidatas/os negras/os não entrarem na disputa em iguais condições de competitividade. Dessa maneira, para além da reserva de percentual mínimo de candidaturas negras (dividido igualmente entre homens e mulheres) em cada partido político, é preciso que seja assegurado às candidaturas negras, ainda, proporcionalidade de recursos e de tempo nas propagandas eleitorais em rádio e TV.

Sabemos que outros fatores podem incidir para esse resultado, mas não podemos minimizar a interferência do próprio racismo – e dos estereótipos que dele decorrem – na decisão do eleitorado, o que aponta para a necessidade da adoção de ações afirmativas não apenas para lista de candidaturas mas para a *efetiva ocupação de cadeiras* (reserva de assentos) implicando num percentual de cargos eletivos reservados para candidatos negros e, na mesma proporção, para candidatas negras, com nomeação das/os candidatas/os negras/os mais votadas/os para os respectivos mandatos. Em alguns países, essa experiência tem se demonstrado exitosa para o alcance de paridade de gênero.[115]

Num Estado Democrático de Direito, as instituições públicas e privadas deveriam ser reflexo da sociedade. Não

---

115. Em termos de participação das mulheres na política, mesmo com a criação de cotas, o Brasil se encontra atrás de 150 nações no ranking mundial (MARTINI, 2015: 6). Até 2015, o Haiti era o único país latino-americano a possuir cotas de gênero com reserva de assento, previstas inclusive na Constituição haitiana. Entretanto, a ausência de regulamentação, impedia a aplicação efetiva da referida ação afirmativa (SENADO FEDERAL; CÂMARA DOS DEPUTADOS, 2015: 36). Após a implementação da política de cotas com reserva de assentos para mulheres, a Bolívia e o México já alcançaram a paridade de gênero em suas casas legislativas. Podemos mencionar, ainda, outros países que adotam o sistema de cotas eleitorais com reserva de cadeiras para mulheres em suas Casas Legislativas, como Afeganistão, Bangladesh, China, Jordânia e Quênia.

é o que acontece no Brasil, notadamente quando se trata do Poder Legislativo, responsável por garantir direitos, por meio da elaboração e promulgação de leis. Para que pessoas negras – sobretudo mulheres negras – deixem de ser objeto de pesquisa, de leis e de políticas públicas, é preciso implementar mecanismos capazes de associar uma política de ideias a uma política de presença (PHILLIPS, 2001), para a construção de um sistema político mais democrático, diverso e justo. Propomos, então, a adoção de ações afirmativas raciais interseccionais, com reserva de assentos nas casas legislativas para candidatas negras e candidatos negros, sem prejuízo da repartição proporcional de recursos para candidaturas negras e da instituição de mecanismos de controle das autodeclarações raciais.

3.4. AÇÕES AFIRMATIVAS EM INSTITUIÇÕES PRIVADAS

Pesquisa realizada pelo Instituto Ethos – que analisa dados referentes ao perfil social, racial e de gênero das 500 maiores empresas no Brasil –[116] demonstrou a sub-representação de pessoas negras, particularmente nos mais

---

116. O estudo está na sua sexta edição e conta com a cooperação do Banco Interamericano de Desenvolvimento (BID) e tem parceria com a Fundação Getúlio Vargas (FGV-SP), o Instituto de Pesquisa Econômica Aplicada (IPEA), a ONU Mulheres, a Secretaria Municipal de Promoção da Igualdade Racial (SMPIR) da Cidade de São Paulo e a Organização Internacional do Trabalho (OIT). Disponível em: http://www3.ethos.org.br/wp-content/uploads/2016/05/Perfil_Social_Tacial_Genero_500empresas.pdf. Acesso em: 03 ago. 2022.

elevados níveis dos quadros de pessoal. O estudo, publicado em 2016, revelou que negras/os têm participação de 57,5% como aprendizes; 28,8% como estagiárias/os; e 58,2% como *trainees*. Tais dados deveriam corresponder a uma perspectiva de aproveitamento de pessoas negras nos níveis ascendentes das empresas, o que, no entanto, não se confirma. De fato, a presença negra nos quadros cai para 35,7% quando se trata de funcionários, com decréscimo progressivo para 25,9% nos cargos de supervisão; 6,3% na gerência; 4,7% nos quadros executivos; e 4,9% no conselho de administração. Nota-se, portanto, a ocorrência de um *afunilamento hierárquico*, conforme se analisa a presença negra nos níveis mais elevados de atividade funcional das empresas privadas.

Nesse contexto, a justa (re)distribuição de direitos, bens e posições sociais somente poderá se concretizar a partir de uma postura comprometida das instituições públicas e privadas com a igualdade racial. No entanto, a autoisenção de responsabilidades das entidades privadas na desconstrução do racismo, sobretudo institucional, em parte referendada pelo sistema de justiça, representa significativo entrave para o desenvolvimento da justiça racial no Brasil.

No que concerne à vinculação das entidades públicas ao direito à promoção da igualdade racial, nota-se que a necessidade de demonstração da intenção discriminatória foi, gradativamente, sendo mitigada, a partir do reconhecimento pelo Estado da existência do racismo institucional, cujos efeitos são evidentes no contexto social brasileiro, independentemente da intencionalidade da sua reprodução sistemática. Ao se admitir que o racismo institucional opera reproduzindo a estruturação racialmente hierarquizada das relações sociais, nas mais diversas esferas da vida em sociedade, os poderes públicos, todos igualmente vinculados aos mandamentos constitucionais, não podem permanecer omissos.[117]

Dessa maneira, as ações afirmativas – como principal mecanismo de correção da discriminação indireta – vêm sendo recepcionadas pelos órgãos judiciais como medidas de promoção da igualdade racial, verdadeiros mandamentos constitucionais capazes de atuar na desconstrução da hierarquização racial da sociedade brasileira. Nessa linha evolutiva, a concepção de discriminação de natureza indireta vem ganhando espaço na jurisprudência, assim como a aceitação dos recursos estatísticos como meios para sua demonstração, a exemplo dos julgamentos da ADPF nº 186-2 e da ADC nº 41, pelo Supremo Tribunal Federal.

É de se notar, entretanto, que, embora a discriminação indireta venha sendo aceita como parâmetro para a determinação de políticas públicas de promoção da igualdade racial, ainda há resistência na sua consideração

---

117. Como acertadamente afirma Djamila Ribeiro (2018b: 48-49), "se o Estado brasileiro racista priva a população negra de oportunidades, é seu dever construir mecanismos para mudar isso".

para fins de condenação ou imposição de obrigações a entidades privadas.[118] Assim, as desigualdades raciais no mercado de trabalho têm sido imputadas exclusivamente a causas sócio-históricas e estruturantes, supostamente incapazes de gerar a (co)responsabilidade do setor privado pela reprodução – ainda que sem intenção – de mecanismos organizacionais discriminatórios.

Fenômenos que exigem complexas medidas de reparação e redistribuição – como é o caso do racismo institucional – dificilmente podem ser atribuídos a um fator exclusivo, sendo mesmo resultado de um conjunto de elementos de ordem histórica, social, econômica, política, jurídica, o que não exime as instituições públicas e privadas da responsabilidade de alterar essa realidade. No entanto, raramente, as instituições – em especial as de natureza privada – assumem tal responsabilidade, deixando, com isso, de se engajar em programas de ação afirmativa racial, salvo quando impelidas legal ou judicialmente.

Considerando que a Convenção Interamericana Contra o Racismo, a Discriminação Racial e Formas Correlatas de Intolerância[119] elevou as ações afirma-

---

118. Sobre a vinculação das entidades privadas ao direito à igualdade racial, ver Vaz (2013).

119. Recordamos que o Brasil é também signatário da Convenção Internacional pela Eliminação de todas as formas de Discriminação Racial, que já consagrava a adoção de medidas especiais, como importante esfera de atuação dos Estados na efetiva eliminação da discriminação racial. A Convenção Interamericana – além de ter sido aprovada

tivas ao status de emenda constitucional e que tais ações objetivam não somente o combate às manifestações do racismo elencadas na Convenção, mas a promoção da equidade racial, sobretudo no âmbito institucional, o Estado brasileiro não apenas pode, como deve, intervir nas instituições privadas, inclusive por meio de legislação própria, de modo a fazer cumprir as disposições da Convenção constitucionalizadas.

Tal força coercitiva de imposição das ações afirmativas no campo privado decorre não apenas do artigo 6º, mas também do artigo 7º da Convenção que estabelece o compromisso do Estado em adotar uma legislação que proíba expressamente o racismo, em todas as suas manifestações e efeitos, aplicável às pessoas jurídicas do setor privado. Essa proibição inclui a discriminação racial indireta e, consequentemente, a persistência do racismo institucional manifestado principalmente pela ausência de pessoas negras no alto escalão de empresas privadas. Somente por meio da adoção de ações afirmativas no setor privado, será possível intervir de maneira eficiente nessa realidade.

Some-se a isso, as disposições do Estatuto da Igualdade Racial (Lei nº 12.288/2010) que, em seu

---

com status de norma constitucional – preocupa-se em nomear as ações afirmativas, enquanto modalidade de medidas especiais. Reforçamos, portanto, que, com a ratificação da Convenção Interamericana se dá a expressa constitucionalização das ações afirmativas raciais.

capítulo V, dedicado à inclusão da população negra no mercado de trabalho, institui expressamente o dever do poder público de incentivar a adoção, por parte de empresas e organizações privadas, de medidas que assegurem a igualdade de oportunidades no mercado de trabalho para a população negra (artigo 39).

Assim, diante dos compromissos internacionais assumidos pelo Estado brasileiro e, ainda, tendo em vista os fundamentos constitucionais e legais mencionados, cabe aos poderes públicos a obrigação de impulsionar a adoção de ações afirmativas nas instituições privadas, seja no âmbito legislativo e/ou administrativo (enquanto não advém lei específica nesse sentido).

Nesse contexto, as chamadas *medidas de incentivo* podem constituir importante mecanismo de promoção da igualdade racial. São frequentemente implementadas por meio de programas governamentais, no intuito de estimular entidades privadas a – voluntariamente e mediante vantagens econômico-financeiras – promoverem ações antirracistas. Essas medidas podem envolver, por exemplo, planos de contratação e de ascensão na carreira para pessoas pertencentes a grupos étnico-raciais em situação de desvantagem. Os incentivos fiscais e as cláusulas de desempate nos processos licitatórios, aplicadas em favor das empresas licitantes, são as formas de aplicação mais usuais. As *metas* (*goals*) constituem outra importante modalidade de ação afirmativa, sendo aplicadas, em regra, no mercado de trabalho e em outros setores nos quais é notável a sub-representação de determinados grupos étnico-raciais. Verificam-se, por exemplo, quando instituições privadas[120] – de forma compulsória ou facultativa – fixam, com prazo determinado, metas de incremento do número de empregados pertencentes a determinada coletividade, sem, no entanto, instituir cotas ou reserva de vagas.

No caso brasileiro, defendemos, para além das medidas de incentivo e das metas – mecanismos que, *a priori*, não são compulsórios – a importância de legislação que proíba expressamente a prática de racismo institucional, estabelecendo prazo de adequação para as entidades privadas, sobretudo no que diz respeito à diversidade e inclusão étnico-racial em sua composição. Diante da constatação, pelos órgãos de fiscalização, da prática de racismo institucional nas instituições privadas, a estas podem ser aplicadas sanções como: multa (revertida para fundos próprios de promoção da igualdade racial); proibição de participar de licitações e de contratar com o poder público; inscrição de restrição para aquisição de crédito ou financiamento em bancos de natureza pública; impedimento de renovação de

---

120. As metas podem também ser adotadas na execução de programas governamentais voltados para a alteração de índices estatísticos, como, por exemplo, a diminuição das taxas de analfabetismo e evasão escolar de crianças indígenas e o aumento do percentual de gestantes negras ao pré-natal nas unidades públicas de saúde.

alvará de funcionamento; interdição de funcionamento, por prazo determinado ou até que sejam adotadas as medidas cabíveis etc. Ademais, a legislação pode estabelecer como efeito da condenação pela prática de racismo institucional, além da cessação de eventual conduta discriminatória, a adoção de ações afirmativas legalmente elencadas, a serem especificadas em decisão judicial.[121]

Nada obstante, é preciso enfatizar que, mesmo que ainda não tenhamos lei que estabeleça a adoção compulsória de ações afirmativas raciais por entidades privadas, estas não estão impedidas de fazê-lo, assumindo, assim o compromisso antirracista de promover igualdade racial em suas práticas institucionais.

Em 2020, a empresa Magazine Luiza – que tinha 53% de pretos e pardos em seu quadro de funcionários, mas apenas 16% deles em cargos de liderança – decidiu

---

121. A título de exemplo, em 1975, no caso *Local 28 of the Sheetmetal Workers Union v. EEOC*, o Tribunal Distrital de Nova Iorque considerou o sindicato e seu comitê de aprendizado culpados por violação ao Título VII da Lei de Direitos Civis, de 1964. Constatou-se a prática de discriminação contra trabalhadores não brancos no recrutamento, seleção, treinamento e admissão ao sindicato. O Tribunal ordenou que a instituição cessasse a prática discriminatória e determinou a adoção de programa de ação afirmativa para incrementar, na ordem de 29%, o número de membros pertencentes a minorias raciais, nos seus quadros. Assim, a cada aprendiz não minoritário admitido em seu programa de treinamento, o sindicato deveria contratar um aprendiz minoritário, até satisfazer o percentual de 29%, proporção baseada no número de não brancos na reserva de trabalho na cidade de Nova York da época.

que seu programa de formação de futuras lideranças (Trainee 2021) seria exclusivamente para pessoas negras, objetivando igualdade de oportunidades e inclusão racial. Apesar das reações contrárias à postura assumida pela instituição, a iniciativa está em plena consonância com os princípios e normas constitucionais e legais já pontuados e deveria servir até mesmo de incentivo para práticas semelhantes.

Não há dúvidas de que as instituições privadas que adotam ações afirmativas, além de tornarem mais legítimas suas ações – por refletirem a diversidade étnico-racial da sociedade e, portanto, os interesses de diferentes grupos raciais – contribuem para a eliminação das *barreiras sociais invisibilizadas* que obstaculizam a ascensão social da população negra no Brasil. Sabemos que empresas que investem em inclusão e diversidade não estão preocupadas apenas com a responsabilidade social na desconstrução do racismo estrutural e institucional, mas, principalmente, com o incremento da eficiência e lucratividade.[122] Ainda assim, a busca por justiça racial não pode depender da conveniência das instituições privadas, cabendo ao poder público

---

122. O relatório *A diversidade como alavanca de performance*, produzido pela McKinsey & Company demonstrou que empresas que possuem diversidade étnico-racial em suas equipes executivas têm probabilidadeb 33% de superar outras corporações em termos de lucratividade. Disponível em: https://www.mckinsey.com/br/our-insights/delivering-through-diversity. Acesso em: 2 ago. 2022.

estabelecer normas explícitas que vinculem essas entidades ao compromisso antirracista e de promoção da igualdade racial.

3.5. SE AS COTAS NÃO PAGAM A DÍVIDA HISTÓRICA... "COTA É ESMOLA"!

Já apresentamos neste último capítulo algumas propostas, não apenas de aperfeiçoamento das cotas raciais, mas também de expansão das ações afirmativas para outros setores, com vistas a efetivamente abrir caminhos para a construção de justiça racial. Com efeito, cotas raciais apenas nas esferas da educação superior e dos concursos públicos não chegam sequer perto de quitar a imensa dívida histórica que a sociedade e o Estado brasileiros possuem com o povo negro. Nesse sentido, cota é esmola! E, por isso, é preciso ampliar as medidas de promoção da igualdade racial de modo a alcançar todos os direitos que nos foram historicamente negados.

Embora não tenha sido elaborada considerando especificamente demandas históricas de reparação, temos como importante parâmetro para essas reflexões a Resolução nº 60/147[123] – aprovada pela Assembleia Geral das Nações Unidas, em 2005 – que é resultado de estudos conduzidos pela Subcomissão para Prevenção da Discriminação e Proteção de Minorias da ONU.

---

123. Disponível em: https://undocs.org/en/A/RES/60/147. Acesso em: 3 ago. 2022.

Segundo o documento, a reparação às vítimas de violações massivas de direitos humanos pode ser concretizada através de medidas de restituição, compensação, reabilitação, satisfação e garantias de não repetição.[124]

A *restituição* busca o retorno das vítimas à situação original em que se encontravam antes das violações de direitos a que foram submetidas e envolve medidas como restauração de liberdade, gozo de direitos humanos, resgate da identidade, vida familiar e cidadania, retorno ao local de residência, restauração de emprego e devolução de propriedade.

A *compensação*, por sua vez, implica o pagamento de indenização – apropriada e proporcional à gravidade da violação e às circunstâncias de cada caso – pelos danos economicamente mensuráveis causados às vítimas, incluindo: a) danos de ordem física ou mental; b) perda de oportunidades, incluindo emprego, educação e benefícios sociais; c) danos materiais e perda de rendimentos, inclusive de rendimentos potenciais; d) dano moral; e) custos necessários para assistência jurídica ou especializada, medicamentos e serviços médicos, bem como serviços psicológicos e sociais.

---

124. Recordamos que parte desse último tópico – notadamente no que se refere à análise da Resolução nº 60/147 – foi desenvolvido a partir de artigo publicado em 2021, intitulado Namíbias e Navios Negreiros: ou sobre quem vai pagar a conta. Disponível em: https://www.migalhas.com.br/coluna/olhares-interseccionais/346617/namibias-e-navios-negreiros-ou-sobre-quem-vai-pagar-a-conta. Acesso em: 3 ago. 2022.

Já a *reabilitação* deve incluir cuidados médicos e psicológicos e, ainda, serviços jurídicos e sociais.

As medidas de *satisfação* – que, conforme o caso concreto, devem associar algumas ou todas as ações pertinentes – incluem: a) medidas eficazes para cessação das contínuas violações; b) apuração dos fatos e divulgação plena e pública da verdade; c) recuperação e identificação dos restos mortais; e) declaração oficial ou decisão judicial que restaure a dignidade das vítimas e das pessoas a ela ligadas; f) desculpas públicas, incluindo o reconhecimento dos fatos e a aceitação de responsabilidade.

Por fim, as chamadas *garantias de não repetição*, que também são dotadas de caráter preventivo, envolvem: a) garantia do controle civil efetivo das forças militares e de segurança; b) garantia de que os procedimentos civis e militares respeitem as normas internacionais padrão de devido processo, justiça e imparcialidade; c) fortalecimento da independência do Judiciário; d) proteção de pessoas nas profissões jurídicas, médicas e de saúde, bem como mídia e outras relacionadas, além de defensores de direitos humanos; e) promoção, de forma contínua e prioritária, de educação em direitos humanos para todos os setores da sociedade e treinamento para membros do sistema de justiça, bem como forças militares e de segurança etc.

Atualmente, pesquisas revelam que, no Brasil, pessoas negras são as maiores vítimas de homicídios, de violência policial letal e de encarceramento em massa. A partir de uma análise interseccional, constata-se que mulheres negras são alvo com mais intensidade de praticamente todos os tipos de violência contra a mulher. No campo do acesso ao trabalho, à educação, à moradia e a espaços de poder e decisão, o fator raça segue sendo obstáculo para o gozo de direitos fundamentais por pessoas negras. Nessa perspectiva, sem adentrar no debate sobre um genocídio negro em curso (e em continuidade histórica) no Brasil e, ainda, sem explorar a polêmica da instituição de indenizações reparatórias, reafirmamos a necessidade de políticas públicas de promoção da igualdade racial.

Tomando como inspiração o rol de medidas elencadas na mencionada resolução da ONU, e apenas a título exemplificativo, é possível vislumbrar uma gama de políticas antirracistas e de promoção da igualdade racial que devem ser implementadas no Brasil – levando em consideração o seu passado escravista e o seu presente estruturalmente racista – para reparação da dívida histórica da escravidão, considerada pelos movimentos negros como o maior crime contra a humanidade já cometido.

Começaremos apenas mencionando as garantias de não repetição e medidas de reabilitação, uma vez que são, todas elas, de fundamental importância para a efetiva reparação dos danos causados pelo racismo e pela desigualdade racial, ressaltando-se aqui a necessidade de reconhecimento também dos danos psicológicos provocados pelo racismo e, consequentemente, de oferecimento de equipamentos capazes de prestar os serviços médicos, psicológicos e sociais pertinentes. No âmbito das medidas orientadas à não repetição, especificamos a urgência do fim da guerra antinegra chamada "contra às drogas", pautada na *inimizade racial* (MBEMBE, 2017) que produz, diariamente, cenas da nossa necropolítica que renovam a promessa de "segurança pública" à branquitude com sangue negro (GÓES, 2020: 97).

A título de *restituição*, embora não seja possível o retorno das pessoas negras à situação original anterior à escravidão, importantes medidas devem ser implementadas para restituir o tanto quanto possível a *dignidade negra*. A começar pela *devolução* da propriedade – a partir de uma concreta e efetiva reforma agrária, além da titulação de territórios quilombolas –, como forma de reparação pela histórica *perda* da propriedade de comunidades negras a partir da Lei de Terras, de 1850.

Também nessa seara se impõem mecanismos de restauração da liberdade negra, por meio de políticas de desencarceramento, entrelaçadas a medidas de não repetição pautadas no abolicionismo penal como política de responsabilização antipunitivista apta a impedir que as senzalas sejam reconstruídas em forma de prisões, como de fato vem acontecendo (GÓES, 2020: 95).

Ainda como medida de restituição, providências voltadas para o resgate da identidade negra afrodiaspórica também devem ser pautadas. Sabemos que, em meio ao sistema escravocrata, foram adotadas estratégias de desumanização de pessoas negras que envolviam a troca dos nomes africanos. Nesse particular, a alteração/inclusão de nomes africanos e/ou afrorreligiosos nos registros civis – sem necessidade de recorrer ao Judiciário ou de justificação, nos termos dos artigos 56 e 57 da Lei nº 14.382, de 27 de junho de 2022 – deve ser facilitado pelo poder público, à semelhança do que já ocorre em relação a pessoas transexuais, por meio do Provimento nº 73/2018 do Conselho Nacional de Justiça.

Por fim, é imprescindível o reconhecimento da ancestralidade negra como direito fundamental, inerente à dignidade humana, por meio da instituição de ações de resgate de origens e reconstrução das árvores genealógicas, agregando exames de DNA às políticas de saúde pública do Sistema Único de Saúde (SUS), de modo a possibilitar o acesso à linhagem ancestral e ao sobrenome natural.

No que tange às medidas de compensação, ao povo negro brasileiro nunca se conferiu justa reparação financeira – mediante o pagamento de indenização – pelos danos morais, ontológicos e materiais provocados pelo processo de escravização, o que envolveria o amplo debate sobre a responsabilização do Estado brasileiro, e até mesmo português, bem como da Igreja Católica, sem prejuízo de outras instituições que tenham acumulado fortunas a partir da mão de obra escravizada. O pagamento de indenização a grupos étnico-raciais como forma de reparação histórica não é novidade no cenário internacional, a exemplo das indenizações pagas a pessoas judias e suas/seus descendentes pelo Estado alemão, em razão do holocausto; a japoneses, arbitrariamente confinados em campo de isolamento pelos Estados Unidos; a nações indígenas na América do Norte; e aos esquimós do Alasca (DOMINGUES, 2018: 347). O *holocausto negro*, no entanto, não tem merecido a mesma consternação e responsabilização.[125]

Nada obstante, em maio de 2022, a Fundação Educafro ajuizou uma ação civil pública na justiça federal contra o Estado brasileiro para que ele reconheça formalmente os danos causados à população negra, por seu histórico racista, principalmente, desde meados do século 19, quando o país resistiu e se omitiu em reduzir o comércio ilegal de pessoas negras escravizadas, negou e obstruiu o direito à propriedade, implementou o projeto de embranquecimento da nação, criminalizou, marginalizou e iniciou o processo de encarceramento em massa, dentre outros fatos que demonstram a responsabilidade civil do Estado que sentenciou a população negra a gerações de miseráveis. A ação propõe uma série de medidas reparatórias voltadas a políticas de igualdade racial, envolvendo desde um pedido

---

125. Nesse particular, Aimé Césaire nos alerta que, na verdade, não é o crime em si que é considerado imperdoável, mas o abominável crime contra o homem branco. Dito de outro modo, o que gera consternação é a aplicação aos brancos europeus, em solo europeu, das violências colonialistas praticadas até então apenas contra indianos, amarelos e negros.

de desculpas formal até a criação de um Fundo Especial e Permanente de Combate ao Racismo e Emancipação da População Negra de abrangência nacional.[126]

No âmbito das medidas de *satisfação*, uma série de ações seriam cabíveis, desde pedido público e formal de desculpas, reconhecimento dos fatos (pretéritos e atuais) e aceitação de responsabilidade; passando pela garantia de apuração dos fatos (pretéritos e atuais) e divulgação plena e pública da verdade (o que vem sendo feito, em parte, pelas Comissões da Verdade sobre a Escravidão);[127] até a adoção de medidas eficazes para cessação das contínuas violações, aqui especialmente aquelas voltadas para a prevenção, o controle e a punição dos atos de extermínio da juventude negra.

Não é demasiado recordarmos aqui que, como medida de satisfação e de reparação, também a Igreja Católica deve ao povo negro brasileiro muito mais do que simples pedidos de *perdão por seus pecados*. Além de indenização por séculos de exploração do trabalho negro escravizado,[128] por meio do qual revestiu seus templos

---

126. A ação propõe que o fundo receba 1% dos diversos repasses da União, previstos na Constituição, do produto da arrecadação dos impostos sobre renda (IR) e sobre produtos industrializados (IPI) e 3% da arrecadação decorrente das contribuições para o Programa de Integração Social (PIS) e para o Programa de Formação do Patrimônio do Servidor Público (Pasep).

127. Implantadas em diversos estados, pela OAB.

128. Postura semelhante à proposta aqui em relação à Igreja Católica foi adotada, em 2022, pela Universidade de Harvard – a mais antiga dos EUA e uma das mais prestigiadas do mundo – que, em relatório, confirmou que a instituição se beneficiou da exploração do trabalho escravo e do tráfico

com ouro e se constituiu como um país (Vaticano), deveria assumir também responsabilidade pelo enfrentamento do racismo institucional – com concessão de bolsas de estudos para pessoas negras em instituições de nível superior católicas – e, ainda, do racismo religioso.

Não sendo este o espaço para propostas exaustivas, firmamos que, diante de um modelo de Estado e de "justiça" monocromático, dominado e ocupado pela branquitude – que (re)produz colonialidades e epistemicídio – devemos recorrer a nossos saberes ancestrais para a construção de um *contrato quilombista* capaz de anular o contrato racial e o pacto narcísico da branquitude que o sustenta. Assim, serão abertos caminhos para uma verdadeira justiça racial – assentada na pluriversalidade (RAMOSE, 2011) e atenta à interseccionalidade – com a retomada do projeto de *estado democrático e plurinacional* (incluindo os povos indígenas) brasileiro que foi destruído com a República de Palmares (GÓES, 2022).

Se cota é esmola, queremos inteiro e não pela metade! E só assim, despertaremos a chama do sonho palmarino de liberdade.

---

de pessoas escravizadas mesmo depois da abolição da escravidão, em 1783. Reconhecendo a exclusão sistemática de estudantes negras/os, como medida reparatória, a universidade destinou US$ 100 milhões a um fundo de apoio educacional a descendentes de pessoas escravizadas, programas de verão que tragam para Harvard alunas/os e professoras/es de instituições de ensino historicamente mal financiadas e intercâmbio com faculdades que integram a HBCU (Historically Black College and Universities).

EPÍLOGO

Diário de um cotista

Eu nasci desenganado, quase sempre abandonado, pelo meu próprio pai e também pelo Estado. Futuro eu não via, sonhar não me permitia, já que era proibido fugir do destino traçado. Por vezes até desejei que a bala perdida já tivesse me achado. Vencer era comer, sem pensar se amanhã iria ter. Mas a gente fazia da miséria riqueza, alimentando a ausência de beleza que teimava em sobreviver. Minha mãe, doméstica, mas não domesticada, sonhava me dar o mundo, mas para si nunca ousou sonhar nada. "Você tem que ser dez vezes melhor", ela repetia sem nenhuma convicção, "ou você pega na enxada ou segura o lápis na mão". Pés descalços, mas sempre "no chão", entre a enxada e o lápis, a prioridade era garantir o pão. Histórias para dormir? A vida preta é um eterno pesadelo, atormentada por uma mão, nunca estendida, que açoita, engatilha, alveja. Fa(r)das, aqui, nunca contaram contos, apenas corpos iguais ao meu. Assim, no jogo de cartas (de)marcadas, eu era aquela, pronta para ser descartada. Mas, mesmo sem caminho para sair da margem, meu corpo desviante, perigoso, indolente, na ginga se fez ser. Ousado, se refez e (re)negou continuar refém dos becos sem saída de uma memória embranquecida. Assim como Oxóssi, eu só tinha uma flecha, tudo num só lance ou a porta se fecha. Encarnando a memória ancestral que em onda negra aterroriza a branquitude, agarrei minha única chance com toda a minha negritude. No (im)pulso, me lembrei do que vovó dizia: "preto não dorme, cochila!" e, então, segui nessa eterna e exaustiva vigília. Precisei enganar a fome (de vida), não tinha tempo para o cansaço, eu não queria só comida, às vezes meu alimento era um abraço. E, enfim, me tornei inspiração, o primeiro da família formado, desviei da bala e mandinguei a prisão. Lança de ponta quilombista jogada por mãos ancestrais, sou a própria pedra que Exu atira hoje, para acertar ontem o capataz. E, assim, eu sigo em roda, fazendo a liberdade girar, se aprendi a ler foi para aos meus malungos ensinar. Se antes eu era carne (aquela mais barata do mercado), hoje sou navalha, sou espada, sou o próprio facão. E, como ele, abro caminhos, carregando em mim uma incontável legião. Como filhos do ventre do mundo que somos, não esperamos, esperançamos, nosso afrofuturo ancestral em nossas próprias mãos. Hoje sei, esmolas não nos bastam, não aceitamos suas migalhas, nem sua meritocracia rasa, argumento de canalha. Reparação? Essa dívida nunca foi quitada! Ninguém irá nos devolver nossa história roubada, não há dinheiro que pague cada vida negra ceifada. Somos nós (por nós) que iremos reconstruir Palmares, abalando as estruturas racistas e seus nefastos pilares.

ANEXOS

Nos anexos a seguir, referências sobre as legislações e outros documentos citados no texto.

CAPÍTULO 2
Anexo 1

Temos a seguinte definição de *medidas de ação compensatória*, segundo artigo 12 do PL nº 1.332/83: "iniciativas destinadas a aumentar a proporção de negros em todos os escalões ocupacionais, incluindo, entre outras: I – a preferências pela admissão do candidato negro quando este demonstra melhores ou as mesmas qualificações profissionais que o candidato branco; II – execução de programas de aprendizagem, treinamento e aperfeiçoamento técnico para negros, a fim de aumentar o número de candidatos negros qualificados em escalões superiores profissionais; III – execução de programas de aprendizagem, treinamento e aperfeiçoamento técnico, qualificado empregados negros para a promoção funcional; IV – reajuste de salários, no sentido de igualar a remuneração entre negros e brancos para trabalho equivalente; V – concessão de bolsas de estudo a estudantes negros a fim de aumentar sua qualificação profissional; VI – assinatura de carteira profissional de empregados negros, nas mesmas condições e proporções vigorantes no caso de empregados brancos".

Anexo 2

Portaria nº 1.156, de 2001, do Ministério de Estado da Justiça, que beneficia afrodescendentes, mulheres e pessoas com deficiência, instituindo o Programa de Ações Afirmativas do Ministério da Justiça. Concorrência nº 03, de 2001, do Supremo Tribunal Federal, que estabelece, por meio de edital de contratação de prestação de serviços, o limite mínimo de 20% de negros e negras no recrutamento e seleção de profissionais pela empresa contratada; Chamada nº 01, de 2002 (Programa de Ação Afirmativa – Bolsas-Prêmio e Vocação para a Diplomacia do Instituto Rio Branco), de iniciativa do Instituto Rio Branco e do Conselho Nacional de Desenvolvimento Científico e Tecnológico (CNPq), incentiva e apoia o ingresso de afrodescendentes na carreira diplomática.

Anexo 3

O Decreto-Lei nº 1.904, de 13 de maio de 1996, que instituiu o Programa Nacional de Direitos Humanos (PNDH), estabelecendo diversas orientações ligadas às políticas afirmativas. O Programa Nacional de Direitos Humanos II, criado a partir do Decreto nº 4.229, de 13 de maio de 2002, que revogou o Decreto instituidor do PNDH I, também se preocupa em estabelecer regras para a promoção da igualdade, prevendo a promoção e o apoio a políticas de ações afirmativas. Na mesma data de instituição do PNDH II, foi lançado, por meio do Decreto nº 4.228, o Programa Nacional de Ações Afirmativas, que apresenta como importante ação a inclusão de dispositivos estabelecendo metas percentuais de participação de afrodescendentes, mulheres e pessoas portadoras de deficiência, em licitações e contratações de serviços, promovidas por órgãos da Administração Pública Federal. Posteriormente, instituiu-se a Política Nacional de Promoção da Igualdade Racial (PNPIR) – mediante o Decreto nº 4.886, de 20 de novembro de 2003 –, tendo como objetivo principal reduzir as desigualdades raciais no Brasil, com ênfase na população negra, atribuindo à Secretaria da Promoção de Políticas Públicas da Igualdade Racial (SEPPIR) a responsabilidade pela coordenação das ações e pela articulação institucional.

Anexo 4

No Rio de Janeiro, a implementação das ações afirmativas raciais nas universidades do Estado teve por base a legislação estadual. Foram as Leis nº 3.524, de 28 de dezembro de 2000; nº 3.708, de 9 de novembro de 2001; nº 4.061, de 2 de janeiro de 2003; e, enfim, a Lei nº 4.151, de 4 de setembro de 2003, que revogou as três anteriores, ao estabelecer nova disciplina sobre o sistema de cotas para ingresso nas universidades públicas estaduais do Rio de Janeiro. Na vigência das legislações revogadas, foi proposta Ação Direta de Inconstitucionalidade (ADI) pela Confederação Nacional dos Estabelecimentos de Ensino (CONFENEN), que tramitou no Supremo Tribunal Federal sob o nº 2.858/8. A ação, no entanto, foi julgada prejudicada em seu objeto, em virtude da revogação das leis. Na petição inicial, a CONFENEN alegava, entre outros argumentos, a violação dos princípios da igualdade e do mérito, afirmando a impossibilidade da adoção de ações afirmativas não previstas expressamente na Constituição Federal. Posteriormente, foi proposta, também pela CONFENEN, a ADI 3197-RJ, visando à impugnação da validade jurídico-constitucional da Lei estadual nº 4.151, de 2003. A ação também foi extinta por perda superveniente do objeto, em razão da edição da Lei nº 5.346, de 2008, que revogou o dispositivo legal impugnado. Na ocasião, já se encontravam em curso no STF ações que tinham por objeto a discussão da constitucionalidade de programas de cotas raciais, em especial a ADPF nº 186-2, que será abordada mais adiante.

Anexo 5
A decisão firmou alguns parâmetros fundamentais a serem observados pela administração pública na aplicação do sistema de cotas raciais: "(i) os percentuais de reserva de vaga devem valer para todas as fases dos concursos; (ii) a reserva deve ser aplicada em todas as vagas oferecidas no concurso público (não apenas no edital de abertura); (iii) os concursos não podem fracionar as vagas de acordo com a especialização exigida para burlar a política de ação afirmativa, que só se aplica em concursos com mais de duas vagas; e (iv) a ordem classificatória obtida a partir da aplicação dos critérios de alternância e proporcionalidade na nomeação dos candidatos aprovados deve produzir efeitos durante toda a carreira funcional do beneficiário da reserva de vagas. (Inteiro Teor do Acórdão ADC nº 41, STF, 2017, p. 2-3)".

CAPÍTULO 3
Anexo 6
Recorde-se o Edital 2016 do concurso público para provimento de cargos técnico-administrativos do Instituto Federal de Educação do Pará (IFPA), que, em seu anexo IV estabelecia, em uma tabela, os padrões avaliativos a serem observados quando da entrevista pela comissão: "1. Pele: 1.1. Melanoderma – cor preta; 1.2. Feoderma – cor parda; 1.3. Leucoderma – cor branca; 2. Nariz: 2.1. Curto/

largo/chato (platirrinos); 3. Boca/dentes: 3.1. Lábios grossos; 3.2. Dentes muito alvos e oblíquos; 3.3. Mucosas roxas; 4. Maxilar (Prognatismo): 4.1. Prognatismo saliente a acentuado; 5. Crânio: 5.1 Crânio dolicocélio < 74,9 (largo 4/5 do comp.); 6. Face: 6.1. Testa estreita e comprida nas fontes; 7. Cabelo: 7.1. Crespos ou encarapinhados; 8. Barba: 8.1. Barba pouco abundante; 9. Arcos Zigomáticos: 9.1. Proeminentes ou salientes". O formulário trazia, ainda, as seguintes explicações: "1. No quesito cor de pele serão válidos os seguintes procedimentos: a) Caso a compatibilidade de cor PRETA ou PARDA ocorra na avaliação dos 3 membros, todos os outros critérios são desconsiderados acatando a autodeclaração do candidato; b) Caso a compatibilidade de cor BRANCA ocorra na avaliação dos 3 membros, passa-se a avaliar os demais critérios constantes nos itens 2 a 9. A autodeclaração será acatada se atender o mínimo de 62,5% dos demais critérios de compatibilidade. 2. Cada item compatível de 2 a 9 equivale a 12,5% da pontuação na tabela". O Instituto justificou a adoção de tais critérios, sob o argumento de que visava a atender à já citada Orientação Normativa nº 03, de 1º de agosto de 2016, expedida pelo Ministério do Planejamento. Diante do repúdio de especialistas e da comunidade acadêmica, o documento foi invalidado pelo IFPA.

Anexo 7

Caso emblemático se configurou a partir do Edital nº 01 PMS, de 18 de agosto de 2015, que publicizou a realização de concurso público para provimento de vagas e formação de cadastro reserva no cargo de Procurador do Município (2ª classe) de Salvador, com reserva de 30% das vagas para candidatas/os afrodescendentes. A partir do recebimento de representação de um dos candidatos, foi instaurado, na Promotoria de Justiça, procedimento no curso do qual foi expedida a Recomendação nº 04/2016, indicando que fosse instituída uma comissão de verificação presencial da autodeclaração racial, o que foi devidamente acatado pela Procuradoria Geral do Município de Salvador. Depois da realização das entrevistas presenciais, candidatas/os excluídas/os do certame pela Comissão de Verificação ajuizaram mandados de segurança junto ao Tribunal de Justiça do Estado da Bahia. Após diversos adiamentos de sessões de julgamento – nas quais o movimento negro se fez presente, agora já convencido da importância desse mecanismo e em defesa da fiscalização das autodeclarações pelas comissões –, no dia 27 de abril de 2017, o primeiro caso foi julgado pela Corte. No referido *mandamus*, a impetrante suscitou a ilegalidade do ato administrativo que a excluiu do certame, asseverando que, além de ter se autodeclarado como parda, possuía documento oficial que atesta tal condição. No voto do relator, pontuou-se que o escopo da verificação da autodeclaração é "evitar que qualquer pessoa utilize-se do sistema de cotas raciais, indistintamente, desvirtuando, desse modo, o espírito do Estatuto da Igualdade Racial". No entanto, afirmando a não comprovação de má fé por parte da candidata, determinou a sua colocação na lista de ampla concorrência, ao invés de sua exclusão do certame (TJ-BA – MS nº 0011106-85.2016.8.05.0000. Seção Cível de Direito Público. Relator: Des. José Edivaldo Rocha Rotondano. Julgamento: 27/04/2017. Publicação: 17/05/2017).

Anexo 8
Menciona-se a decisão do STF que considerou constitucional a cláusula de barreira, no já mencionado RE 635739/AL, para afirmar, todavia, que a adoção de tal prática é um obstáculo que impede candidatas/os negras/os de continuarem nos concursos e se submeterem às fases subsequentes, razão pela qual devem tais cláusulas ser excluídas, como medida de aprimoramento do sistema das cotas raciais. Segundo o CNJ, "o critério de exigência isolada de alcance de 60% de acertos na prova objetiva seletiva mostra-se mais justo e aproximado da própria política de cotas, ferramenta hábil a proporcionar oportunidades de real equidade e, via de consequência, promover transformações estruturantes. A exigência da cláusula de barreira entre os cotistas vem, como dito, afastando pessoas pretas e pardas da oportunidade de se manterem nos concursos de magistratura e, principalmente, chegarem à aprovação final. Os candidatos que reúnem condições de alcançar notas elevadas, correspondentes às notas de corte, normalmente, não se encontram nas faixas

econômico-sociais ocupadas por pessoas negras, sobretudo se forem considerados os altos índices de investimentos necessários durante a preparação para o concurso de magistratura, que é de alta performance, dada sua complexidade."

Anexo 9

A Consulta, que recebeu o número 0600306- 47.2019.6.00.0000, foi formulada nos seguintes termos: "a) As formas de distribuição dos recursos financeiros e tempo em rádio e TV, já concedido às mulheres na Consulta 0600252-18.2018.6.00.0000, deverão ser na ordem de 50% para as mulheres brancas e outros 50% para as mulheres negras, conforme a distribuição demográfica brasileira (não é proporcionalidade de acordo com o número de candidaturas negras!!!)? Motivo? Vários! Entre eles: Deputados e Senadores com seus sobrenomes consolidados estão trazendo suas mulheres, filhas e outras da família com o mesmo sobrenome para terem acesso a este dinheiro, exclusivo para mulheres. Sendo membros das famílias destes tradicionais Deputados e Senadores, este dinheiro corre o perigo de ser desviado, não chegando às mulheres negras que estão fora deste círculo de poder. b) É possível haver reserva de vagas nos partidos políticos para candidatos negros, nos mesmos termos do que ocorreu com as mulheres? Motivo? Vários! Entre eles: conforme mostrado no texto acima, mesmo tendo um número razoável de candidatos homens negros, por causa da discriminação institucional, poucos candidatos negros são, de fato, eleitos. c) É possível aplicar o entendimento dos precedentes supra para determinar o custeio proporcional das campanhas dos candidatos negros, destinando 30% como percentual mínimo, para a distribuição do Fundo Especial de Financiamento de Campanha, previsto nos artigos 16-C e 16-D, da Lei das Eleições, conforme esta Corte entendeu para a promoção da participação feminina? d) É possível aplicar o precedente, também quanto à distribuição do tempo de propaganda eleitoral gratuita no rádio e na televisão para os NEGROS, prevista nos artigos 47 e seguintes, da Lei das Eleições, devendo-se equiparar o mínimo de tempo destinado a cada partido, conforme esta Corte entendeu para a promoção da participação feminina?"

Anexo 10
Recordamos o já mencionado PL n° 1.332/1983, apresentado por Abdias Nascimento, cujo artigo 2° dispunha que: "todos os órgãos da administração pública, direta e indireta, de níveis federal, estadual e municipal; os Governos federal, estaduais e municipais; os Ministérios, as Secretarias estaduais e municipais; as autarquias e fundações; as Forças Armadas; o Poder Judiciário, o Poder Legislativo, e o Poder Executivo são obrigados a providenciar para que dentro dos espaços de suas respectivas atribuições, sejam tomadas medidas de ação compensatória visando atingir, no respectivo quadro de servidores, funcionários e titulares, a participação de pelo menos 20% (vinte por cento) de homens negros e 20% (vinte por cento) de mulheres negras, em todos os escalões de trabalho e direção, particularmente aquelas funções que exigem melhor qualificação e que são melhor remuneradas". Sendo mais específico quanto ao modo de consecução das cotas raciais na esfera política, o projeto originário do Estatuto da Igualdade Racial (Projeto de Lei n° 3.198/2000, de autoria do então deputado federal Paulo Paim) estabelecia no seu artigo 21: "Acrescente-se à Lei n° 9.504, de 30-9-97, art. 10, um novo inciso com a seguinte redação: § 4° Do número de vagas resultante das regras previstas neste artigo, cada partido ou coligação deverá reservar o mínimo de trinta por cento e o máximo de sessenta por cento para candidaturas afrodescendentes. Os demais incisos serão renumerados nesta sequência."
Apesar de prever que a reserva de vagas se daria para candidaturas afrodescendentes, em cada partido político ou coligação, o projeto do Estatuto não vislumbrou a mais intensa desigualdade enfrentada pela mulher negra. De todo modo, a previsão de cotas raciais no projeto original foi suprimida pela Comissão de Constituição e Justiça do Senado Federal. Merece destaque, ainda, a Proposta de Emenda à Constituição n° 116/2011, apresentada pelo

Deputado Luiz Alberto, que pretendia acrescentar artigo ao Ato da Disposições Constitucionais Transitórias, para reservar vagas na Câmara dos Deputados, nas assembleias legislativas e na Câmara Legislativa, por cinco legislaturas, para parlamentares oriundos da população negra. A PEC, estabelecia que "o percentual de vagas nas casas legislativas reservado para parlamentares oriundos da população negra corresponderá a dois terços do percentual de pessoas que se tenham declarado pretas ou pardas no último censo demográfico realizado pelo Instituto Brasileiro de Geografia e Estatística na circunscrição do pleito, desde que o número de lugares reservados não seja inferior a um quinto ou superior à metade do total de vagas". A proposta – que diferia daquela prevista no texto original do Estatuto da Igualdade Racial, por optar pela modalidade de reserva de assentos e não apenas nas listas de candidaturas – foi arquivada em virtude do encerramento da legislatura, nos termos do artigo 105 do Regimento Interno da Câmara dos Deputados.

REFERÊNCIAS BIBLIOGRÁFICAS

ADICHIE, Chimamanda Ngozi. **O perigo da história única**. Tradução de Julia Romeu. São Paulo: Companhia das Letras, 2019.

AKOTIRENE, Carla. **O que é interseccionalidade?** Belo Horizonte: Letramento, 2018.

AMPARO, Thiago. Pelo fim das cotas para homens brancos nas eleições. **Jornal Folha de São Paulo**, São Paulo, 23 de agosto de 2020.

AZEVEDO, Celia Maria Marinho de. **Onda negra, medo branco**: o negro no imaginário das elites – século XIX. Rio de Janeiro: Paz e Terra, 1987.

AZEVEDO, Elciene. **Orfeu de carapinha**: a trajetória de Luiz Gama na imperial cidade de São Paulo. São Paulo: Editora da Unicamp, Centro de Pesquisa em História Social da Cultura, 1999.

BARRETO, Anselmo. Um pouco de história do ensino em Minas Gerais. **Revista do Ensino**, Minas Gerais, ano IX, n. 198, p. 21-25, jan./mar. 1951.

BARROS, Surya Pombo. Escravos, libertos, filhos de africanos livres, não livres, pretos, ingênuos: negros nas legislações educacionais do XIX. **Educação & Pesquisa**, São Paulo, v. 42, n. 3, p. 591-605, jul./set. 2016.

BENTO, Maria Aparecida Silva. **Pactos narcísicos no racismo**: branquitude e poder nas organizações empresariais e no poder público. Tese (Doutorado em Psicologia) – Instituto de Psicologia da Universidade de São Paulo, São Paulo, 2002.

CARDOSO, Lourenço. Branquitude acrítica e crítica: a supremacia racial e o branco anti-racista. **Revista Latinoamericana de Ciencias Sociales, Niñez y Juventud**, Colômbia, v. 8, n. 1, p. 607-630, jan./jun, 2010.

CARMICHAEL, Stockely; HAMILTON Charles V. **Black Power**: the politics of liberation in America. New York: Vintage Books, 1967.

CARVALHO, José Jorge. Uma proposta de cotas para negros e índios na Universidade de Brasília. **O público e o privado**, Fortaleza, n. 3, p. 9-59, jan./jun. 2004.

CENTRO DE ESTUDOS SOCIEDADE, UNIVERSIDADE E CIÊNCIA. **A importância das cotas raciais e sociais no Brasil**: uma reparação histórica necessária. Relatório Técnico. São Paulo: SoU_Ciência, 2021.

CÉSAIRE, Aimé. **Discurso sobre o colonialismo**. Tradução de Claudio Willer. São Paulo: Veneta, 2020.

COHEN, Carl. Why race preference is wrong and bad. In: COHEN, Carl; STERBA, James B. **Affirmative action and racial preference**: a debate. New York: Oxford University Press, 2003, p. 3-190.

CRENSHAW, Kimberlé. Mapping the margins: intersectionality, identity politics, and violence against women of color. **Standford Law Review**, Standford, v. 43, n. 1241, p. 1241-1299, jul. 1991.

CRUZ, Mariléia dos Santos. Escravos, forros e ingênuos em processos educacionais e civilizatórios na sociedade escravista do Maranhão no século XIX. In: FONSECA, Marcus Vinícius; BARROS, Surya Aaronovich Pombo de (orgs.). **A história da educação dos negros no Brasil**. Nitérói: EdUFF, 2016, p. 163-187.

_____. A Educação dos negros na sociedade escravista do Maranhão provincial. **Revista Outros Tempos**, Maranhão, v. 6, n. 8, p. 110-129, dez. 2019.

CUNHA, Perses Maria Canellas. **Educação como forma de resistência**: o caso da Irmandade de Nossa Senhora do Rosário e São Benedito dos Homens Pretos. Dissertação (Mestrado em Educação) – Universidade Federal Fluminense, Niterói, 2004.

DIANGELO, Robin. **White fragility**: why it's so hard for white peolpe to talk about racism. Boston: Beacon Press, 2018.

DIOP, Cheikh Anta. **The african origin of civilization**: myth or reality. Chicago: Lawrence Hill Books, 2012.

DOMINGUES, Petrônio. Associativismo negro. In: SCHWARCZ, Lilia; GOMES, Flávio (orgs.). **Dicionário da escravidão e liberdade**: 50 textos críticos. São Paulo: Companhia das Letras, 2018, p. 113-119.

_____. Agenciar raça, reinventar a nação: o movimento pelas reparações no Brasil. **Análise Social**, Lisboa, v. LIII, n. 227, p. 332-361, 2018.

DOUGLAS, Frederick. **Autobiografia de um escravo**. Tradução de Oséias Silas Ferraz. São Paulo: Vestígio, 2021.

DWORKIN, Ronald. **Levando os direitos a sério**. Tradução de Nelson Boeira. São Paulo: Martins Fontes, 2002.

_____. A discriminação inversa. In: **Uma questão de princípio**.

Tradução de Luís Carlos Borges. São Paulo: Martins Fontes, 2005a, p. 435-494.

_____. Ação afirmativa: funciona? In: DWORKIN, Ronald. **A virtude soberana**: a teoria e a prática da igualdade. São Paulo: Martins Fontes, 2005b, p. 543-579.

EVARISTO, Conceição. **Poemas da recordação e outros movimentos**. 3. ed. Rio de Janeiro: Malê, 2017.

_____. **Escritora Conceição Evaristo é convidada do Estação Plural**: depoimento [jun. 2017]. Entrevistadores: Ellen Oléria, Fernando Oliveira e Mel Gonçalves. TVBRASIL, 2017. YouTube. Disponível em: https://www.youtube.com/watch?v=Xn2gj1hGsoo. Acesso em: 24 mai. 2022.

FAVOREU, Louis. Principio de igualdad y representación política de mujeres – cotas, paridade y Constitución. **Revista Española de Derecho Constitucional**, Espanha, ano 17, n. 50, p. 21, mai./ago. 1997.

FERES JUNIOR, João. Aprendendo com o debate público sobre ação afirmativa, ou argumentos ruins podem tornar-se bons tópicos de pesquisa. In: PAIVA, Angela Randolpho (org.). **Entre dados e fatos**: ação afirmativa nas universidades públicas brasileiras. Rio de Janeiro: PUC-Rio, Pallas, 2010, p. 157-181.

FONSECA, Marcus Vinícius. A população negra no ensino e na pesquisa em história da educação no Brasil. In: FONSECA, Marcus Vinícius; BARROS, Surya Aaronovich Pombo de (orgs.). **A história da educação dos negros no Brasil**. Niterói: EdUFF, 2016, p. 23-50.

_____. O predomínio dos negros nas escolas de Minas Gerais do século XIX. In: **Revista Educação e Pesquisa**, São Paulo, v. 35, n. 3, p. 585-599, set./dez. 2009.

FRANÇA, Aldaires Souto. **Uma educação imperfeita para uma liberdade imperfeita**: escravidão e educação no Espírito Santo (1869-1889). 2006. Dissertação (Mestrado em Educação) - Universidade Federal do Espírito Santo, Vitória, 2006.

FREYRE, Gilberto. **Casa grande & senzala**: formação da família brasileira sob o regime da economia patriarcal. 51. ed. rev. São Paulo: Global, 2006.

FUNDAÇÃO JOÃO PINHEIRO. **Desigualdade, mobilidade e a meritocracia à brasileira**: anatomia de uma falácia. Fundação João Pinheiro e Conselho Regional de Economia de Minas Gerais, 2018.

GALHARDO, Eduardo *et al*. Desempenho acadêmico e frequência dos estudantes ingressantes pelo Programa de Inclusão da UNESP. **Avaliação**, Campinas, Sorocaba, v. 25, n. 03, p. 701-723, nov. 2020.

GASPAR, Osmar Teixeira. **Direitos políticos e representatividade da população negra na Assembleia Legislativa do Estado de São Paulo e Câmara Municipal de São Paulo**. Tese (Doutorado em Direito) – Universidade de São Paulo, São Paulo, 2017.

GELEDÉS. **Cresce número de universidades que adotam cotas na pós-graduação**. Por Isac Godinho, da Folha de São Paulo. 02 de agosto de 2021. Disponível em: https://www.geledes.org.br/cresce-numero-de-universidades-que-adotam-cotas-na-pos-graduacao/#:~:text=Como%20o%20Brasil%20ainda%20n%C3%A3o,obrigat%C3%B3rias%20em%20todos%20os%20programas. Acesso em: 24 jul. 2022.

GÓES, Luciano. Padê de Exú abolicionista: insurgência negra por um abolicionismo penal afrodiaspórico. In: ALVES, Míriam Cristiane; JESUS, Olorode Ògìyàn Kálàfó Jayro Pereira de (orgs.). **A matriz africana**: epistemologias e metodologias negras, descoloniais e antirracistas. Porto Alegre: Rede Unida, 2020, v. 2, p. 90-112.

_____. **Direito penal antirracista**: uma introdução crítica. Belo Horizonte: Casa do Direito, 2022. (no prelo).

GOMES, Joaquim B. Barbosa. **Ação afirmativa e princípio constitucional da igualdade**: o direito como instrumento de transformação social. A experiência dos EUA. São Paulo: Renovar, 2001.

GOMES, Nilma Lino. **O movimento negro educador**: saberes construídos na luta por emancipação. Petrópolis: Vozes, 2017.

GONÇALVES, Luiz Alberto de Oliveira. Negros e educação no Brasil. In: LOPES, Eliane Marta Teixeira *et al* (orgs.). **500 anos de educação no Brasil**. 2. ed. Belo Horizonte: Autêntica, 2000, p. 325-346.

GUIMARÃES, Antonio Sérgio Alfredo. **Racismo e antirracismo no Brasil**. 3. ed. São Paulo: Editora 34, 2009.

HARVEY, Isadora Lopes. **Plataforma racial?** O racismo, a sub-representação e a ausência de questões raciais em campanhas eleitorais.

Dissertação (Mestrado em Ciência Política) – Universidade de Brasília, Brasília, 2016.

HOBSBAWM, Eric. **Era dos extremos**: o breve século XX (1914-1991). São Paulo: Companhia das Letras, 2002.

HTUN, Mala. Is gender like ethnicity? The political representation of identity groups. **Perspectives on Politics**, Cambridge, v. 2, n. 3, p. 439-458, set. 2004.

_____. **Inclusion without representation in Latin America**: gender quotas and ethnic reservations. New York: Cambridge University Press, 2016.

IKAWA, Daniela. **Ações afirmativas em universidades**. Rio de Janeiro: Lumen Juris, 2008.

JESUS, Rodrigo Ednilson de *et al*. Apresentação. In: JESUS, Rodrigo Ednilson de Jesus (org.). **Reafirmando direitos**: trajetórias de estudantes cotistas negros(as) no ensino superior brasileiro. Belo Horizonte: Ações afirmativas no ensino superior, 2019, p. 15-25.

JESUS, Rodrigo Ednilson de. **Quem quer (pode) ser negro no Brasil**. Belo Horizonte: Autêntica, 2021.

JOHNSON III, Ollie A. A representação racial e política no Brasil: parlamentares negros no Congresso Nacional (1983-99). **Estudos afro-asiáticos**, São Paulo, v. 38, dez. 2000. Disponível em: https://www.scielo.br/j/eaa/a/XtrSdCmy9hnDq5hjCXpvX9d/?lang=pt#. Acesso: em 01 ago. 2022.

KILOMBA, Grada. **O Brasil ainda é extremamente colonial**. Entrevista concedida ao Jornal A Tarde; Autor: Eron Rezende. 09 de janeiro de 2017. Disponível em: https://atarde.com.br/muito/o-brasil-ainda-e-extremamente-colonial-835595. Acesso em: 18 jul. 2022.

LAZO FUENTES, Xiomara E. **Las acciones positivas en Latinoamérica: el caso Costarricense. In: Igualdad de oportunidades e igualdad de género**: una relación a debate. Madrid: Editorial Dykinson, 2005, p. 49-63.

LOPES, Nei. **Enciclopédia brasileira da diáspora africana**. 4. ed. São Paulo: Selo Negro, 2011.

LUZ, Itacir Marques da. Sobre arranjos coletivos e práticas educativas negras no século XIX: o caso da Sociedade dos Artistas Mecânicos e

Liberais de Pernambuco. In: FONSECA, Marcus Vinícius; BARROS, Surya Aaronovich Pombo de (orgs.). **A história da educação dos negros no Brasil**. Nitéroi: EdUFF, 2016a, p. 117-140.

_____. Irmandade e educabilidade: um olhar sobre os arranjos associativos negros em Pernambuco na primeira metade do século XIX. In: **Educação em Revista**, Belo Horizonte, v. 32, n. 03, p. 119-142, jul./set. 2016b.

MACHADO, Carlos; CAMPOS, Luiz Augusto. **Raça e eleições no Brasil**. Porto Alegre: Zouk, 2020.

MADRUGA, Sidney. **Discriminação positiva**: ações afirmativas na realidade brasileira. Brasília: Brasília Jurídica, 2005.

MARTINI, Diandra Ávila. **Cotas partidárias e sub-representação feminina na América do Sul**: um estudo comparado entre Brasil e Bolívia. 2015. Disponível em: https://www.ufrgs.br/sicp/wp-content/uploads/2015/09/DIANDRA-MARTINI.pdf. Acesso em: 01 ago. 2022.

MBEMBE, Achille. **Políticas da inimizade**. Lisboa: Antígona, 2017.

MELLO, Luiz. Novos Horizontes Interpretativos da Lei nº 12.990/2014 e Políticas de Reparação: ações afirmativas para negras(os) e carreira docente em universidades federais. In: **Boletim de Análise Político-Institucional nº 31 – Implementação de ações afirmativas para negros e negras no serviço público**: desafios e perspectivas. Brasília: Ipea, 2021, p. 115-121.

MILLS, Charles. **The racial contract**. [S.l.]. Cornel University Press, 1997.

MONTEIRO, John Manuel. **Negros da terra**: índios e bandeirantes nas origens de São Paulo. São Paulo: Companhia das Letras, 1994.

MORAIS, Christianni Cardoso. Ler e escrever: habilidades de escravos e forros? (Comarca do Rio das Mortes, Minas Gerais, 1731-1850). In: FONSECA, Marcus Vinícius; BARROS, Surya Aaronovich Pombo de (orgs.). **A história da educação dos negros no Brasil**. Nitéroi: EdUFF, 2016, p. 95-115.

MORAIS, Vamberto. Saídos da casa da servidão: a escravidão na Bíblia e sua influência no Brasil e nos Estados Unidos. **Cadernos de Estudos Sociais**, Recife, v. 4, n. 2, p. 245-268, jul./dez. 1988.

MOREIRA, Adilson José. **Tratado de direito antidiscriminatório**. São Paulo: Contracorrente, 2020.

MOTT, Luiz. **Piauí colonial**: população, economia e sociedade. Teresina: Projeto Petrônio Portela, 2010.

MOURA, Clóvis. **Dicionário da escravidão negra no Brasil**. São Paulo: Edusp, 2013.

MUNANGA, Kabenguele. Uma abordagem conceitual das noções de raça, racismo, identidade e etnia. In: BRANDÃO, André Augusto P. **Programa de educação sobre o negro na sociedade brasileira**. Niterói: Editora da Universidade Federal Fluminense, 2004, p. 15-34.

NAÇÕES UNIDAS BRASIL. **Vidas negras**: pelo fim da violência contra a juventude negra no Brasil, 2017. Disponível em: https://vidas-negras.nacoesunidas.org/. Acesso em: 15 jun. 2022.

NOGUEIRA, Oracy. Preconceito racial de marca e preconceito racial de origem: sugestão de um quadro de referência para a interpretação do material sobre relações raciais no Brasil. **Tempo Social, Revista de Sociologia da USP**, São Paulo, v. 19, n. 1, p. 287-308, nov. 2006.

OLIVEIRA, J. M. O negro criança e estudante. In: SANTOS, Anízio Ferreira dos (org.). **Eu, negro. Discriminação racial no Brasil. Existe?**. 3. ed. São Paulo: Edições Loyola, 1986, p. 46-53.

ORGANIZAÇÃO PARA A COOPERAÇÃO E DESENVOLVIMENTO ECONÔMICO (OCDE). **A broken social elevator? How to promote social mobility**. Paris: OCDE Publishing, 2018. Disponível em: http://dx.doi.org/10.1787/9789264301085-en. Acesso em: 20 jun. 2022.

_____. **Education at a glance 2021**: OCDE Indicators. Paris: OCDE Publishing, 2021. Disponível em: http://doi.org/10.1787/b35a14e5-en. Acesso em: 22 jun. 2022.

PALMA, Vanessa Cristina Lourenço Casotti Ferreira da. **Educação, democracia e inclusão racial**: análise da efetividade da lei de cotas para negros em concursos docente de universidades federais. Tese (Doutorado em Educação) – Universidade Federal da Grande Dourados, Dourados, 2019.

PHILLIPS, Anne. De uma política de ideias a uma política de presença?. **Revista de Estudos Feministas**, Santa Catarina, ano 9, p. 268-290, 2001.

PINHO, Osmundo; VARGAS, João (orgs.). **Antinegritude**: o impossível sujeito negro na formação social brasileira. Cruz das Almas: UFRB; Belo Horizonte: Fino Traço, 2016.

RAMOS, Luciana de Oliveira *et al*. **Candidatas em jogo**: um estudo sobre os impactos das regras eleitorais na inserção de mulheres na política. São Paulo: FGV Direito SP, 2020.

RAMOSE, M. B. Sobre a legitimidade e o estudo da filosofia africana. **Ensaios Filosóficos**, Rio de Janeiro, v. 4, out. 2011. Disponível em: http://www.ensaiosfilosoficos. com.br/Artigos/Artigo4/RAMOSE_MB.pdf. Acesso em: 5 de agosto de 2021.

REIS, Dyane Brito. Acesso e permanência de negros(as) no ensino superior: o caso da UFBA. In: LOPES, Maria Auxiliadora Lopes; BRAGA, Maria Lúcia de Santana (orgs.). **Acesso e permanência da população negra no ensino superior**. Brasília: Ministério da Educação/Unesco, 2007, p. 49-69.

REIS, João José. **Rebelião escrava no Brasil**: a história do Levante dos Malês em 1835. 3. ed. São Paulo: Companhia das Letras, 2012.

RIBEIRO, Beatriz Caroline *et al*. Diferenças salariais por raça e gênero para formados em escolas pública e privadas. **Policy Paper Insper**, São Paulo, n. 45, jul. 2020.

RIBEIRO, Djamila. Feminismo negro para um novo marco civilizatório. In: **Quem tem medo do feminismo negro?**. São Paulo: Companhia das Letras, 2018a, p. 82-84.

_____. Ser contra as cotas raciais é concordar com a perpetuação do racismo. In: **Quem tem medo do feminismo negro?**. São Paulo: Companhia das Letras, 2018b, p. 48-50.

RODRIGUES, Thais. Uma a cada três deputadas eleitas como negras, em 2018, se declaram brancas hoje. **Alma Preta Jornalismo**, 20 de julho de 2022. Disponível em: https://almapreta.com/sessao/politica/uma-em-cada-tres-deputadas-eleitas-como-negras-em-2018-se-declaram-brancas-hoje. Acesso em: 01 de agosto de 2022.

SÁ, Gabriela Barreto de. **Direito à memória e ancestralidade**: escrevivências amefricanas de mulheres escravizadas. Tese (Doutorado em Direito) – Universidade de Brasília, Brasília, 2020.

SANDEL, Michael J. A ação afirmativa em questão. In: SANDEL,

Michael J. **Justiça**: o que é fazer a coisa certa?. 21. ed. Rio de Janeiro: Civilização Brasileira, 2016.

SANDEL, Michael, J. **A tirania do mérito**: o que aconteceu com o bem comum?. Rio de Janeiro: Civilização Brasileira, 2020.

SANTOS, Amanda Ribeiro dos *et al*. Para além dos editais: cotas raciais no Ministério Público brasileiro. In: **Boletim de Análise Político-Institucional nº 31 – Implementação de ações afirmativas para negros e negras no serviço público**: desafios e perspectivas. Brasília: Ipea, 2021, p. 73-80.

SANTOS, Jocélio Teles dos; QUEIROZ, Delcele Mascarenhas. Sistema de cotas e desempenho de estudantes nos cursos da UFBA. In: BRANDÃO, André Augusto (org.). **Cotas raciais no Brasil**: a primeira avaliação. Rio de Janeiro: DP&A, 2007. V. 1, p. 115-135.

SANTOS, Sales Augusto; FREITAS, Matheus Silva. Sistema de cotas e conflitos raciais violentos no Brasil em tempo de políticas de ação afirmativa: fato ou suposições infundadas?. **Revista Brasileira de História & Ciências Sociais**, Rio Grande, v. 13, n. 27, jul./dez. 2021.

SENADO FEDERAL (Procuradoria Especial da Mulher); CÂMARA DOS DEPUTADOS (Secretaria a Mulher). + **Mulheres na Política**. 2. ed. 2015. Disponível em: https://www12.senado.leg.br/institucional/procuradoria/proc-publicacoes/2a-edicao-do-livreto-mais-mulheres-na-politica. Acesso em: 01 de ago. 2022.

SILVA, Adriana Maria Paulo da. A escola de Pretextato dos Passos e Silva: questões a respeito das práticas de escolarização no mundo escravista. **Revista Brasileira de História da Educação**, Campinas, n. 4, jul./dez. 2002.

_____. Notas para o estudo da instituição da obrigatoriedade da educação primária na província de Pernambuco. In: VIDAL, Diana G.; SÁ, Elizabeth F.; SILVA, Vera Lucia G. (orgs.). **Obrigatoriedade escolar no Brasil**. Cuiabá: UFMT, 2013.

SILVA, Ana Célia da. **A discriminação do negro no livro didático**. 2. ed. Salvador: EDUFBA, 2004.

SILVA, Fátima Aparecida. **A Frente Negra Pernambucana e sua proposta de educação para a população negra na ótica de um de seus fundadores**:

José Vicente Rodrigues Lima – década de 1930. Tese (Doutorado em Educação) – Universidade Federal do Ceará, Fortaleza, 2008.

SILVA, Tatiana Dias. **O estatuto da Igualdade Racial**. Texto para discussão n. 1712. Rio de Janeiro: Ipea, 2012.

SOUSA, Maria Sueli Rodrigues de *et al*. **Dossiê Esperança Garcia**: símbolo de resistência na luta pelo direito. Teresina: EDUFPI, 2017.

SOWELL, Thomas. **Ação afirmativa ao redor do mundo**: um estudo empírico sobre cotas e grupos preferenciais. Trad. Joubert de Oliveira Brízida. São Paulo: É Realizações, 2016.

STERBA, James P. Defending affirmative action, defending preferences. In: COHEN, Carl; STERBA, James P. **Affirmative action and racial preference**: a debate. New York: Oxford University Press, 2003, p. 191-278.

THARAUD, Delphine; PLANCKE, Véronique van der. Imposer des «discrimination positives» dans l'emploi: vers un conflit de dignités?. In: GABORIAU, Simone; PAULIAT, Hélène (dir.). **Justice, éthique et dignité. Actes du coloque organisé à Limonges les 19 et 20 novembre 2004**. Limonge: Presses Universitaires de Limonges, 2006.

THEODORO, Mário. **A sociedade desigual**: racismo e branquitude na formação do Brasil. 1. ed. Rio de Janeiro: Zahar, 2022.

TROUILLOT, Michel-Rolph. An unthinkable history: the Haitian Revolution as a non-event. In: TROUILLOT, Michel-Rolph. **Silencing the past**: power and the production of history. Boston: Bancon Press, 1995, p. 70-107.

TRUTH, Sojourner. E eu não sou uma mulher? – Sojourner Truth. Tradução de Osmundo Pinho. **Geledés**, 8 jan. 2014. Disponível em: https://www.geledes.org.br/e-nao-sou-umamulher-sojourner-truth/. Acesso em: 16 set. 2021.

TWINE, France Winddance. **A white side of black Britain**. Londres: Duke University Press, 2010.

VAZ, Lívia Sant'Anna; RAMOS, Chiara. **A justiça é uma mulher negra**. Belo Horizonte: Casa do Direito, 2021.

VAZ, Lívia Sant'Anna. Namíbias e navios negreiros: ou sobre quem vai pagar a conta. Coluna Olhares Interseccionais. **Migalhas**, 7 de junho de

2021. Disponível em: https://www.migalhas.com.br/coluna/olhares-intersecccionais/346617/namibias-e-navios-negreiros-ou-sobre-quem-vai-pagar-a-conta. Acesso em: 3 de ago. 2022.

VAZ, Lívia Maria Santana e Sant'Anna. As comissões de verificação e o direito à (dever de) proteção contra a falsidade de autodeclarações raciais. In: DIAS, Gleidson Renato Martins; TAVARES JÚNIOR, Paulo Roberto Faber (orgs.). **Heteroidentificação e cotas raciais**: dúvidas, metodologias e procedimentos. Canoas: IFRS Campus Canoas, 2018, p. 32-78.

_____. A igualdade racial no âmbito das relações jurídico-privadas: não discriminação e obrigação de contratar. In: MIRANDA, Jorge (org.). **Direitos fundamentais**: uma perspectiva de futuro. São Paulo: Atlas, 2013, p. 257-397.

VELLOSO, Jacques. Cotistas e não cotistas: rendimentos de alunos da Universidade de Brasília. **Cadernos de Pesquisa**, Maranhão, v. 39, n. 137, maio/ago. 2009.

VENTURINI, Anna Carolina. **Ação afirmativa na pós-graduação**: os desafios da expansão de uma política de inclusão. Tese (Doutorado em Ciência Política) – Universidade do Estado do Rio de Janeiro, Rio de Janeiro, 2019.

VIANA, Iamara da Silva *et al*. Escritos insubordinados entre escravizados e libertos no Brasil. **Estudos Avançados**, São Paulo, v. 33, n. 96, p. 155-177, 2019.

VIDA, Samuel. **"Sei que nada será como antes"**: cotas raciais e o amanhã na Universidade. Comunicação apresentada na atividade de formação "Cotas Raciais na UFBA", organizado pelo Programa Direito e Relações Raciais – PDRR, da Faculdade de Direito da Universidade Federal da Bahia, em 12 de setembro de 2006.

VIEIRA, Renato Schwambach; ARENDS-KUENNING, Mary. **Affirmative action in Brazilian Universities**: effects on the Enrollment of Targeted Groups, 2018. Disponível em: https://jornal.unesp.br/wp-content/uploads/2022/01/Vieira_Arends_Kuenning_quotas-1.pdf. Acesso em: 18 de jul. 2022.

VIGOYA, Mara Viveros. La interseccionalidad: una aproximación situada a la dominación. **Debate Feminista**, México, n. 52, p. 1-17, 2016.

Este livro foi composto pelas fontes Calisto MT e Bebas Neue
e impresso em junho de 2023 pela Gráfica Expressão e Arte.
O papel de miolo é o Pólen Natural $70g/m^2$ e o de capa é o
Cartão Supremo $250g/m^2$.